EL GRAN RETO DE LOS 21 DÍAS

EL MÉTODO PARA DESBLOQUEAR TU PROSPERIDAD

Humberto Montes Sánchez

El gran reto de los 21 días

El método para desbloquear tu prosperidad

Primera edición marzo 2024

Humberto Montes Sánchez

www.humbertomontes.com

Diseño de la portada: Kerleny Antonio Rojas

Diseño gráfico: Kerleny Antonio Rojas

@kerleny_rojasdesigner

Foto de portada: María Helena Baena Puerta

@helenaphotograph

Revisión y edición: Adriana Montes Sánchez @lamontezca

EL GRAN RETO DE LOS 21 DÍAS

EL MÉTODO PARA DESBLOQUEAR TU PROSPERIDAD

Humberto Montes Sánchez

Índice

Aclaratoria

Este libro contiene una cantidad considerable de herramientas y recursos que pueden aportar valor a tu vida, sin embargo, el uso de estas herramientas está diseñado para ser un apoyo dentro de un proceso de crecimiento personal y en ningún momento ni de ninguna forma, pretende o aconseja reemplazar la asistencia del personal calificado profesionalmente, para las diversas necesidades que como ser humano puedas tener en algún momento. Para tomar decisiones y acciones respecto a tu salud mental, emocional o física, te invitamos a recibir el apoyo de un profesional calificado.

En algunos momentos, encontrarás que el lenguaje contenido en este libro, está en género masculino, lo anterior, por razones netamente prácticas; en ningún momento pretende excluir o descalificar a ninguna persona por ninguna razón. Si llegaras a sentirte ofendido por este motivo, te invito para que, con mayor razón, leas este libro y aprendas el hermoso arte de ser inofendible, y así, puedas usar todo tu potencial para vivir en plenitud y abundancia. Para eso naciste.

Han pasado 12 años desde que publique mi primer libro **El triunfo del alma**, lo que significó para mí un salto importante en mi labor como un ser humano que sirve a otros, han sido años de múltiples satisfacciones y de cambios profundos. Estoy profundamente agradecido a la vida por cada uno de esos cambios por difíciles que hayan sido, y también por todos los sueños que he cumplido en este tiempo. Llevar este mensaje a las principales ciudades de los Estados Unidos, a casi todos los países de Latino América y España, hacen parte del inicio de una historia en la que, el despertar del potencial interno, sumará cada vez, más personas en todo el mundo.

Les confieso que, durante esos años, desee tener la capacidad de volver a escribir, sin embargo, cada vez que me sentaba a hacerlo me quedaba en blanco, y esa voz en mi mente me decía *"cuando estés listo, lo volverás a hacer"*. Solo fue hasta octubre del año 2018 que pude sentarme a escribir en medio de un momento de cambio importante: me regresaba a vivir a Colombia. Allí, en medio de cajas y desorden por la mudanza, escribí la primera parte de este libro a la que llamé: EL PLAN DE LOS 21 DÍAS, fueron tres días en los que no paré de escribir, a tal punto, que sentí que este escrito, que convertí en un PDF, lo escribí impulsado por una inspiración que llamaré "extra", un apoyo que fue muy evidente en esos días. Por esta razón, tomé la decisión de regalar el PDF a todas las personas que lo pidieron por mis redes. No sé cuántas personas lo han descargado y compartido, creo que ya superamos la barrera de los 200 mil.

Después de la pandemia, escribí el resto de lo que está aquí. Al igual que en mi primer libro, lo que he escrito, es el resultado de mis aprendizajes, testimonios y de lo recopilado a través de una innumerable cantidad de personas en América y Europa, que he tenido la bendición de encontrar personalmente. Mi gratitud a todos ustedes por confiar y darme la oportunidad de servirles.

Agradezco a todas las personas que han sido mi apoyo en tantos viajes y procesos, son tantos, que no me atrevo a mencionarlos uno a uno, quiero que sepan que soy, gracias a ustedes. Su labor es uno de los mayores tesoros de mi vida. Mi equipo actual: Ely Rodríguez, Corina Mestanza, Armando Félix Zambrano, Adriana Torres, Lianys Machado, Laura Montes, Antonio Rojas, Oscar Meléndez, Carolina Mendoza, Cesar David Parra y María Elena Bravo, han sido los encargados de ser mis manos y mi voz, para llegar a muchos de ustedes. Mi gratitud infinita a todos los que han hecho parte de esta familia, los llevo en mi corazón, aunque casi no nos veamos.

A mi hermana Adriana Montes por ayudarme con la corrección de este texto y por ser la mejor hermana del universo, gracias infinitas.

A mis hijos, lo mejor que la vida me ha dado, son mi inspiración, mi felicidad, mi oasis. Verlos ser felices, crecer y ser seres humanos de bien, es el mejor premio en mi vida y el gran significado de haberlo logrado todo. Sé que juntos estamos sanando a todos nuestros ancestros y dejándole lo mejor a los que vienen después.

Angi, eres el significado de que los sueños sí se pueden hacer realidad, que sí existe la plenitud. Has hecho de mí un mejor ser humano.

Gracias por permitirme caminar contigo, el mundo es más hermoso cuando estás a mi lado.

Prólogo

Hace muchos años iba manejando desde la ciudad de Caracas con rumbo a la ciudad de Barquisimeto en Venezuela, con mi gran amigo y compañero de mil rutas el Padre Enrique Hernández y de pronto, al ver una valla publicitaria que hablaba del amor, volteé y le dije:

- Enrique, ¿tú crees que necesitamos ayuda para mejorar nuestra relación de amistad? Todo el tiempo, la pasamos discutiendo por cosas sin sentido cuando ambos sabemos que hay un profundo amor que nos une; además, con todas las herramientas que tienes como sacerdote y yo como coach no hemos podido mejorar nuestra relación…
- Sí, yo creo que debemos buscar ayuda…

Yo no lo podía creer y justo en esos días mi hermana Silvia me había comentado de un coach maravilloso llamado Humberto Montes al que había conocido dando una conferencia y como no creo en la casualidad, decidí llamarlo al llegar a la ciudad de Barquisimeto.

 A los pocos días estábamos sentados Enrique y yo frente a un hombre cuya mirada profunda y amorosa nos hacía sentir en casa y lo que allí sucedió fue magia… Enrique y yo pudimos dar un giro profundo en nuestra manera de relacionarnos y siempre quedé lleno de gratitud hacia Humberto.

Con esta historia quiero dar fe que el contenido de este maravilloso libro no es un producto creado de las redes sociales, o por una compañía que escribe textos de autoayuda y crea *best seller*, sino que nace de la experiencia de vida de un hombre que ha trabajado en su propia transformación, usando todas las herramientas que ha aprendido y que pasó, de ser un simple observador de su vida, a ser una causa constante, para ser cada día su mejor versión.

He tenido el privilegio de crear una hermosa amistad con Humberto y he visto su crecimiento a lo largo de todos estos años, sus cambios de vida, su legado y su gran honestidad dejando siempre su alma abierta para que todos podamos aprender y crecer.

Al leer el libro me conecté con ese don grandioso que tenemos todos los seres humanos de poder crear a cada instante la vida que merecemos y sin duda alguna tenemos que detenernos, observar nuestras creaciones y darnos el permiso de intentarlo de nuevo con humildad, determinación y disciplina.

Nuestro cerebro no siempre asimila la información al instante, necesitamos crear nuevos hábitos, reprogramarnos, borrar lo que no sirve de nuestro disco duro e instalar nuevo contenido, una nueva forma de ver la vida y lo más importante, creernos el cuento que eso que tanto anhelamos, es posible alcanzarlo.

No solo en estas líneas encontrarás valiosas claves para la Prosperidad y la Abundancia, sino que te permitirá sumergirte en las profundidades de tu alma y reconocer esos valores de vida que son necesarios para el verdadero cambio.

Como reza el dicho: "Cada gran logro comienza con la decisión de intentarlo" y como ya tienes este libro en tus manos, solo te resta confiar, soltar y abrirte a los milagros… Porque seguro te ayudará a caminar ligero de equipaje por la vida y lleno de gratitud.

No me queda la menor duda que este "Gran reto de los 21 días" cambiará tu vida para siempre, así que miles de bendiciones y como decimos los peregrinos:

Buen Camino.

Alejandro Pérez Bolaños

Coach integral, escritor y peregrino

Introducción

De 1993 a 2003 dediqué la mayor parte del tiempo al estudio del mundo espiritual. Fueron para mí, años de crecimiento y descubrimiento de un universo enorme lleno de posibilidades. Y aunque aprendí mucho, lo que crecí internamente fue poco. Era una persona llena de conocimientos espirituales, pero en mi capacidad para demostrar los resultados estaba completamente limitado por todo aquello que no había podido superar: una vida de escasez económica.

Escribí este libro como un acto de gratitud por todas las bendiciones que he recibido y todos los milagros que acontecen en mi vida, de los cuales estoy profundamente agradecido. A través de estas letras quiero honrar a todos aquellos de los que he aprendido. Ha sido extraordinario lo que he verificado como resultados tangibles y reales en cada parte de mi proceso. Por esta razón, quiero devolverle a la vida esa grandiosa energía de prosperidad y abundancia que hoy disfruto.

Por favor no creas ni una palabra de lo que vas a leer. Lo que relato aquí es lo que he puesto en práctica en mi vida, para salir de esa zona de comodidad incomoda en la que vivía y poder vivir la vida de mis sueños. Solo te invito a que te des el permiso de verificar en la práctica estos conceptos, comenzando por aquellos que crees necesitar más, para pasar luego a aquellos que se te hace difícil comprender o aceptar.

En primer lugar, voy a compartirte aquellas cosas que, de forma permanente, deberán quedar implantadas en tu conducta cotidiana si deseas ver resultados tangibles y permanentes. Luego describiré *El reto de los 21 días*, tal como lo diseñé, para que comiences a ser parte de los cientos de personas que ya lo usaron y disfrutan de esos resultados que siempre soñaron.

Finalmente, te daré 21 reflexiones para que, cuando comiences a ejecutar tu plan, puedas tener una lectura adicional para cada día, que enriquezca tu ímpetu diario y logres triunfar en este proceso.

Me encantaría saber cómo te va, no dejes de escribirme, puedes hacerlo a cualquiera de mis redes:

Instagram, *X* (antes Twitter) y Facebook: @humbertomontes.

TikTok: humbertomontescoach y al correo humbertomontes@gmail.com

Será para mí un honor y una gran alegría leer tus resultados.

- Maestro ¿Qué es la prosperidad?

- Es amar profundamente a todo y a todos. De allí surge la salud, la riqueza y la felicidad.

Inicio

Tal vez eres de las personas que durante mucho tiempo se han esforzado en alcanzar sus metas y en lograr sus sueños. Sin embargo, es muy posible que te haya pasado como a mí y a otros: por momentos sentimos que hay una fuerza invisible que se encarga de hacer que todo sea más lento, difícil o forzado.

A veces esa fuerza invisible opera en lo externo: las ventas no son las esperadas, la economía del país entra en recesión, aparece un competidor que se te lleva los clientes, un socio o una pareja desleal te traiciona, y por más que te esfuerzas y te comprometes, las cosas salen al contrario de como las has planeado...

Coloca en este espacio, la situación que te haya tocado vivir:

____

____

____

Otras veces, esa fuerza invisible se encarga de operar desde nuestro interior: tenemos poca creatividad, iniciativa o ambición; a veces la pereza nos sobrepasa y desperdiciamos el tiempo en actividades que no agregan valor a nuestra vida. Sentimos poco compromiso y pasión por lo que hacemos, le dedicamos el 50 por ciento de nuestra energía y esperamos recibir el 100 por ciento de los resultados, tomamos decisiones equivocadas y eso nos hace perder negocios, relaciones o valiosas oportunidades. Nos convertimos en un imán para atraer a nuestra vida a las personas que nos harán pasar malos momentos. Es como si de dos posibles caminos, hubiésemos escogido, justo, el más complicado.

Si te has sentido identificado con lo que acabo de escribir, estás en el lugar adecuado en el momento correcto. Mi intención con este libro es darte las herramientas para que aprendas a domesticar esa "fuerza invisible".

Me atreví a escribir este libro, porque uno de mis aprendizajes más importantes ha sido el aprender a manejar esa fuerza invisible. Durante muchos años viví en escasez económica, relaciones insatisfactorias y superficiales, desaprovechando un potencial que dormía en mí. Fue solamente hasta que quedé en la quiebra por segunda vez, en el año 2006, que me vi obligado a enfrentar cara a cara al responsable de todo lo que estaba viviendo. Lo bueno de la historia, es que lo pude encontrar cuando lo vi en el espejo.

Al atreverme a mirar dentro, descubrí la razón por la que había vivido en esa escasez durante mis primeros 33 años: no creía en mí y, aunque siempre he sido un buen ser humano, la apatía y pereza me dominaban. En el proceso descubrí que alimentaba a la apatía y a la pereza con mi falta de propósito y visión.

Recuerdo que renuncié a creer en mí y busqué excusa tras excusa, para justificar mí terrible situación financiera. El no haber encontrado la función a través de la cual ganarme la vida, era una carga que me vendaba los ojos y no me permitía ver más allá. Además de la falta visión y de no creer en mí, me faltaba mucho por aprender y por desaprender, me faltaba especializarme y ser realmente bueno en lo que hacía.

Fue en el año, 2007, que recibí uno de los mejores regalos de mi vida. Una mujer, de la cual no recuerdo su nombre, me dio su número telefónico y me pidió que la llamara. Cuando hablé con ella, me dijo que era psicóloga y que durante la conferencia que yo estaba dando y en la que ella participó, había notado en mí una gran preparación. Sin embargo, observó que yo no creía en mí y que esa era la causa de mis resultados.

Esta breve conversación fue trascendental. Estaba tan ocupado en ayudar a los demás, que no había dedicado el tiempo ni los recursos en revisarme ni transformar esas áreas desconocidas que, sin lugar a duda, estaban generando esos resultados tan contradictorios en mi vida. Solo hasta ese momento pude darme cuenta de que algo fallaba y que esa falla, la estaba originando yo mismo. Comencé entonces a mirarme de una forma diferente. Me convertí en mi propio conejillo de indias y, durante ese proceso, me di a la tarea de integrar cada uno de los principios y procesos que describo en este libro, para desarrollar mi potencial.

Este potencial, presente en todos los seres humanos, no se desarrolla por la ignorancia que la gran mayoría tiene del inmenso poder que yace en su interior. La prosperidad es algo que está presente aquí y ahora, y la principal razón por la cual unos pueden disfrutarla, es porque sintonizaron con ella.

Sintonizar implica que tu forma de pensar, de sentir, de actuar; tus intenciones, tu visión de ti mismo y de la vida, son coherentes con esa prosperidad. Cuando vas en el carro y deseas escuchar una emisora determinada debes saber el número de la frecuencia para poder escucharla. Solo cuando colocas en la radio esa frecuencia en particular, podrás escuchar la emisora con todo lo que ella ofrece. En este sentido, sintonizar es tener hábitos de prosperidad, formas de pensar y sentir, acordes con esa frecuencia.

El gran reto de los 21 días, ha sido diseñado como la herramienta para sintonizar todo nuestro ser en función de eso en lo que nos queremos convertir, de eso que queremos hacer y de aquello que deseamos o necesitamos tener.

Esa fuerza invisible de la que te hablé anteriormente responde con exactitud a aquello que eres en tu interior. Si hay desorden adentro, te lo muestra en lo externo. Si hay armonía adentro, te lo muestra afuera. Es por eso que el reto ha tenido un efecto tan poderoso en las personas que lo han puesto en práctica con frecuencia. El reto se hace cargo de dar orden y foco a las intenciones, acción y propósito de las personas.

El gran anhelo que tenemos los seres humanos es vivir en prosperidad, salud, amor y felicidad. De hecho, todos empleamos la mayor parte de nuestra vida en la generación de los recursos necesarios para lograr estos anhelos. Sin embargo, la gran mayoría de personas de forma inconsciente y algunos de forma consciente, esperan que un golpe de suerte les cambie la vida de un momento a otro. Esperan que algo externo: una ayuda, la lotería, una herencia o la intervención de Dios, les saque de deudas y cambie completamente la escasez y la convierta en abundancia.

Durante muchos años, semanalmente compraba lotería y depositaba mis esperanzas en ganármela, y en la noche, antes de dormirme, fantaseaba con las cosas que haría con ese dinero. Visualizaba los carros, las casas, los viajes y sobre todo lo que les regalaría a mis seres amados. Cuando tenía el resultado del sorteo en mis manos, llegaba el momento de la frustración. Regresaba a mi realidad, a ese incomodo momento en el que tenía que aceptar que todo iba a seguir igual.

El gran peligro de este hábito, que alimenté durante tanto tiempo, es que colocaba toda mi energía en algo que estaba afuera de mi control. Y fíjate bien lo que acabo de escribir, porque la palabra clave es AFUERA. El daño que me estaba haciendo era enorme, los resultados eran todo lo contrario a lo que quería. Cada vez con más carencias, pensando que mi vida se resolvería con un aumento de sueldo.

Tu vida no se resolverá con un aumento de sueldo, se resolverá con una elevación de conciencia.

Cuando digo que me estaba haciendo "daño" lo digo de manera clara, me estaba haciendo daño realmente. Existe una tendencia en todos nosotros, que viene de nuestra infancia, a esperar que papá, mamá o alguien nos de algo que anhelamos: ese juguete, afecto, tiempo o amor. Esto queda marcado como una forma de movernos en el mundo.

Desarrollamos la creencia de que lo 'bueno' viene de afuera y esto alimenta conductas que nos afectan en distintos ámbitos, por ejemplo, la dependencia de sustancias que nos satisfagan como las drogas, el alcohol, el cigarrillo, el café, por mencionar unos pocos. O esa expectativa de que voy a ser feliz cuando... mi pareja deje o haga... o cuando tenga tal cosa. Es por eso por lo que la gran mayoría de las personas, que les ha tocado conseguir las cosas por sí mismas desde pequeñas (cosas, afecto o reconocimiento), tienen la tendencia a desarrollar más talentos y virtudes que otras.

Es común encontrarme en la práctica terapéutica a personas que, después de haber pasado por un proceso de perdón, se dan cuenta de que todo aquello que les causó dolor: carencias y situaciones de abandono y maltrato de diferentes formas, fueron los directos responsables de que desarrollaran la capacidad de tener éxito en diversas áreas.

En cambio, también me encuentro con frecuencia con personas sobreprotegidas o a las que les facilitaron su vida, que descubren que esa sobre protección o cuidados fueron los directos responsables de sus miedos, incapacidad de actuar o esa sensación de vacío interno que después tratan de llenar de forma infructuosa con adicciones de todo tipo.

Comenzar por reconocer que somos los directos creadores de cada una de las experiencias que estamos viviendo, y que en nosotros está la capacidad de transformar esa realidad, es el camino directo para lograr superar cada una de las limitaciones que estamos viviendo en este momento.

Esperar la satisfacción desde lo externo es una de las grandes fuentes de frustración del ser humano. La vida, en su continua sabiduría, nos muestra una y otra vez que las cosas son como son y no necesariamente como nosotros deseamos que sean. El gran proceso en nuestra vida es aprender a desarrollar esa fuente de satisfacción desde nuestro interior.

Si, por ejemplo, te gusta la playa porque te relaja o te da paz, te preguntarías: ¿Cómo puedo hacer o qué tengo que hacer para tener paz, aunque no esté en la playa? Así mismo, es la prosperidad en nuestra vida. Ella no va a aparecer cuando la necesitemos, ella va a aparecer cuando NO la necesitemos. Es decir, cuando en nuestro interior haya el reconocimiento pleno de nuestra grandeza y la certeza de nuestra identidad en la abundancia, ella misma comenzará a hacerse evidente en cada uno de nuestros resultados.

Hay numerosas historias de personas que han heredado fortunas o se han ganado la lotería y que, en promedio, a los dos años, están en peores condiciones de las que estaban cuando recibieron estos "regalos" del destino. La razón no radica en la buena o la mala suerte. La razón está en que las personas carecían de conciencia de abundancia y prosperidad. Por lo tanto, al carecer de la visión y los conocimientos sobre inteligencia financiera, simplemente esa fortuna se fue tan rápido como llegó.

Hay unos pocos casos en los que estas personas no han perdido su fortuna y el factor común entre ellos, es su humildad para dejarse asesorar por verdaderos expertos. La humildad es lo que hace que un individuo pueda crecer interiormente, dejando a un lado el miedo o la prepotencia, abriéndose a la posibilidad de aprender lo que aún no sabe.

Está demostrado, a lo largo de la historia de la humanidad, que todo lo que sucede en la vida de los seres humanos, tanto lo que nos hace felices como lo que no, pasa como resultado de hábitos, formas de pensar, vivir desde un propósito; también de los miedos, resentimientos, creencias limitantes y baja autoestima, entre otros.

Creer en ti es darle permiso a Dios de hacer tus sueños realidad.

A lo largo de mi experiencia como coach y terapeuta, he presenciado no solo transformaciones extraordinarias cuando las personas sueltan sus pesos emocionales y se abren al proceso de perdonar, sino cómo éstas mismas personas logran cambios notables en los principales ámbitos de su vida. Sus relaciones se vuelven más armónicas, desaparecen enfermedades que les aquejaban, aparecen oportunidades para florecer económicamente y todo esto, como resultado de la reprogramación de su vida a través del perdón y de la sanación de esas cargas invisibles que la gran mayoría de nosotros lleva sin saberlo.

En mi libro *El triunfo del alma: cómo superar el auto saboteo y vivir exitosamente*, profundizo en el valor de perdonar como la gran herramienta para cerrar los ciclos, que, al estar abiertos, se reproducen continuamente en las experiencias que vivimos día a día. Hay una frase, de la cual desconozco su autor, que dice: *"La vida es tan buena maestra que cuando no aprendes te repite la lección"*. Lo curioso es que esta lección se expresa en las conductas que no aceptamos de los demás o que nos causan dolor, también en aquellas cosas que no soportamos que se repitan continuamente o aquellas cosas a las que les tenemos miedo y que, por alguna razón, la vida insiste en ponerlas en nuestro camino. Y, la razón principal por la cual estas experiencias se repiten una y otra vez, es para que logremos trascenderlas, para que nos volvamos más grandes que ellas.

Recuerda que la vida nunca va a ser más fácil, solo tú te harás más fuerte, más sabio y noble. Ese es el propósito de la vida.

Yo mismo pude verificar, a través de mi experiencia, cada una de las palabras que te estoy compartiendo: después de quedar en la quiebra dos veces, en 1999 y en 2006, comprendí que no estaba en sintonía con la prosperidad y la abundancia, que cada resultado era solo la incapacidad que tenía de ver más allá de mi propio ego y que estaba completamente en mis manos, transformar esa incomoda realidad que por momentos me parecía imposible de cambiar.

Hoy, después de haber superado muchas de mis pruebas, miro al pasado con profunda gratitud y bendigo a cada persona que fue protagonista de esa historia, porque ellos me han traído a este presente en el que me siento profundamente pleno y feliz.

Ver a mis hijos, ya en su etapa adulta, ser capaces de superar tantas pruebas y ser personas que hacen el bien, no solo para sí mismos, sino para los demás, me hace validar que los principios que me han guiado hasta ahora son los correctos.

La gran bendición de caminar junto a una mujer extraordinaria y haber construido junto a ella el hogar de nuestros sueños, me hace conectar con la gratitud de poder verificar la gran bendición, de poder usar cada uno de estos principios, los cuales te comparto a continuación para que, junto a *El gran reto de los 21 días*, tengas un programa completo de transformación integral.

El gran llamado que nos hace la vida es a vivir desde la coherencia, sin máscaras ni disfraces, desde lo más genuino de nuestro ser. Así que prepárate, porque la vida de tus sueños está esperando por ti.

La respuesta a todas las preguntas está en el amor que estés dispuesto a dar.

@humbertomontes

Los principios

Estamos en una época en la cual, la única salida posible de la escasez y el sufrimiento, está en hacernos totalmente RESPONSABLES de lo que sucede en nuestra vida. Esta responsabilidad es la máxima libertad, ya que quien se hace responsable, se alinea con los principios que determinan la prosperidad y la abundancia.

Estos principios se traducen en conductas que, al practicarse cotidianamente, te conducirán a elevar cada vez más tu comprensión de la vida y sus resultados.

Antes de continuar quiero decirte que te voy a revelar cuales son las conductas, actitudes y acciones que vas a desarrollar para vivir en prosperidad y abundancia. Ten en cuenta las siguientes preguntas para que las uses después de que hagas algún descubrimiento valioso para ti:

- ¿Estoy practicando esta conducta?
- ¿Cómo puedo potenciarla en mi vida?
- ¿A qué necesito renunciar para poder integrarla?
- ¿Cómo estoy dispuesto a comprometerme para transformar lo que ya no es útil e integrar esta nueva conducta a mi vida?

Somos el resultado de nuestra historia. Si no hemos mirado hacia atrás y transformado en sabiduría nuestras pruebas, si no hemos perdonado o si no estamos en paz con todo lo que vivimos y lo integramos en nuestra vida como parte natural de nuestro proceso, estos diferentes ciclos se repetirán en nuestra vida hasta que aprendamos la lección que vienen a mostrarnos. Dijo un hombre muy sabio: ***"Todo ciclo no cerrado se convierte en destino."***

Todo lo que no ha sido sanado o no se ha convertido en sabiduría se repetirá una y otra vez hasta que dejes de quejarte, de comportarte como víctima, de culpar a otros, de esperar a que alguien lo haga por ti y lo más importante: los ciclos dejarán de repetirse hasta que integres y practiques en tu vida la virtud más importante que todo ser humano debe desarrollar: aprender a amarse.

Mientras los seres humanos no reconozcamos la sabiduría oculta en cada una de las pruebas que nos toca vivir, estaremos inevitablemente encontrándonos en nuestro camino situaciones que serán desagradables para nosotros. No es la situación la que debe cambiar, es nuestra interpretación. Renunciar a la creencia de la existencia del bien y del mal es un acto liberador.

Personalmente, puedo decirte que todas las cosas "malas" que me han sucedido, han sido las semillas que me ayudaron a germinar en mi presente, las capacidades y talentos que hoy puedo devolverle a la vida a través de mi labor. Por lo tanto, por todo lo doloroso que he vivido solo puedo sentir gratitud. Gracias al dolor, a lo que no salió como esperaba, a las mentiras, a los robos, a la ingratitud, al desamor, a la soledad, etc. Agradece a todo aquello que te ha causado una incomodidad, la vida te ha guiado a convertirte en el ser humano extraordinario que hoy eres.

No reconocer la bendición oculta en todo lo que sucede, es la principal razón de por qué gran parte de la humanidad no tiene control sobre su destino. Están prisioneros en ciclos que se repiten una y otra vez... Y en ese repetir y repetir, se les va la vida, perdiendo el rumbo y la conexión con lo verdaderamente importante, apagando incendios y desgastando su potencial en enfrentarse a la vida en lugar de aliarse a ella, y colocando afuera, lo que deberían revisar adentro de sí.

El primer gran paso para aquel que quiera vivir en prosperidad y abundancia es...

Sanar y cerrar ciclos

Cuando ofrezco talleres de prosperidad ocupo gran parte del tiempo en que los asistentes ordenen y se pongan en paz con su historia.

Mucho de lo que logramos o no, está condicionado por lealtades que de forma inconsciente estamos cargando. Conozco numerosos casos de personas que, al haber vivido la quiebra de su papá, se mantienen en la "zona" en donde no se permiten superar los logros de él; o de mujeres que repiten el mismo patrón de relaciones de pareja que vivieron con su mamá.

Por eso es supremamente importante estar atentos a no repetir los ciclos de nuestros padres o de nuestros ancestros. El verdadero amor no debe expresarse a través de la repetición del sufrimiento que ellos vivieron, el verdadero amor es honrar a nuestros ancestros tomando lo mejor de su herencia, soltando lo que ya no es útil y con base a eso atrevernos a hacerlo a nuestro propio modo. Atrévete a ser el primero en tener una vida feliz, en crear y merecerte aquello que hayas soñado. Honra a tus padres viviendo las experiencias que ellos no vivieron, conociendo los lugares que ellos no conocieron, comiendo las comidas que ellos no se pudieron permitir, amando como ellos no pudieron amar.

El caso de Carolina:

Carolina es una mujer de aproximadamente 33 años, tiene dos hijos adolescentes y está haciéndose cargo de ellos después de su divorcio. Cuando me contactó, para que la atendiera en consulta, me expresó que deseaba sanar algún ciclo emocional no cerrado con su papá que, según ella, generó una extraña condición en su boca. Ella se propuso buscar la solución a su situación investigando en diversas fuentes. Después de haber visto numerosos programas de televisión, donde especialistas hablaban de la conexión de las enfermedades con las causas emocionales, llegó a la conclusión de que la extraña enfermedad que tenía en su boca podría solucionarse a través de la sanación emocional con su papá.

Padecía esta enfermedad desde hacía muchos años y ningún especialista que la trató pudo darle un diagnóstico. Para todos los médicos, ella tenía una condición desconocida.

Siguiendo los consejos de algunos de los programas que vio en televisión, hizo algunos ejercicios de tipo emocional y logró sanar parcialmente las llagas de su boca. Sin embargo, éstas aparecieron nuevamente dos meses después. Le pregunté si, además de estos ejercicios había hablado personalmente con el papá y me respondió que no. Para ella fue revelador darse cuenta en ese momento que lo que le hacía falta para cerrar ese ciclo era tener esa conversación con él directamente.

Aunque este descubrimiento le daba respuesta a su inquietud inicial, me llamó mucho la atención que en ningún momento mencionara a su mamá. Dada mi experiencia en estos casos, decidí buscar alguna influencia de la mamá en su condición actual y, cuando le pregunté por ella, me respondió que su mamá, que tenía pocos años de haber fallecido, era muy especial con ella y no tenía nada que sanar.

Le expliqué que en casos anteriores había atendido a mujeres que, a raíz de las creencias religiosas y con el fin de proteger la virginidad de sus hijas, inculcaron en ellas creencias que les hacían sentir que la sexualidad es sucia y que tener relaciones sexuales antes del matrimonio era pecado, esto generó en ellas diversas enfermedades causadas por el sentimiento de culpa al no obedecer el mandato de mamá. Justo en ese momento Carolina tuvo un gran "darse cuenta": recordó como la mamá le inculcó exactamente esas creencias, a tal punto que cuando ella quedó embarazada antes de casarse sintió el desprecio y el juicio de sus padres, especialmente el de su mamá.

Este desprecio, aunado a su posterior divorcio, la llevó a desarrollar un sentimiento muy íntimo e inconsciente de no creer en sí misma. Y la llevó a legitimar, a través de las diversas dificultades que había vivido, las palabras de descalificación de sus padres, que en numerosas ocasiones se expresaron de forma negativa hacia ella y la convirtieron en el objeto de su frustración.

En el proceso de la conversación, Carolina logró perdonar a sus papás y darse cuenta de las creencias negativas sobre sí misma que le estaban afectando en su salud y en su prosperidad.

Al igual que Carolina, nosotros no podemos escapar de nuestra historia. Nuestra historia está aferrada a la forma de interpretar y de movernos en el mundo. Cada cosa que nos sucede la interpretamos según aprendimos a hacerlo, como un mecanismo adaptativo de supervivencia para poder sobrevivir a nuestra infancia y adolescencia.

El gran problema es que, en nuestro proceso de convertirnos en adultos, no cuestionamos esas diferentes formas de interpretar y de movernos en el mundo, simplemente quedan allí, formando parte de nuestro todo y, por supuesto, siendo protagonistas de nuestros resultados.

Tal vez te preguntes por qué incluyo un tema relacionado más con la salud que con la prosperidad. La razón, por la que decidí incluirlo, es porque la prosperidad es resultado de un componente sistémico. Aunque tengas dinero si no tienes salud, amor o paz no tienes prosperidad. La prosperidad es un resultado integral de la coherencia y la armonía en todos los ámbitos de tu vida.

En un gran porcentaje de las sesiones terapéuticas que atendí en los últimos 14 años, me encontré con mujeres que, ante la promiscuidad de papá o su desamor, escogieron el camino de la prostitución o las drogas, en una búsqueda inconsciente de ese amor de papá a través de todos los hombres con los que tuvieron contacto. Algunas de ellas evitan tener una relación de pareja estable como resultado del miedo que tienen de repetir la historia de lo que vivieron en casa.

He atendido a hombres que, ante el desamor de su padre, pierden el respeto por sí mismos, dejándose llevar por conductas autodestructivas y adiciones de todo tipo, no son capaces de establecer límites y decir que no ante la posibilidad de hacer algo dañino para sí mismos.

Muchas personas ante la indiferencia, el abandono o la sobre protección de los padres, desarrollan la apatía ante las exigencias de la vida. Esta apatía se convierte en un enemigo fundamental de la prosperidad, porque le impide a la persona hacerse cargo y responsabilizarse de los resultados que debe obtener en su vida. La apatía nubla la visión de la persona y le impide ver más allá de su zona de confort.

Es muy importante que en este punto comiences a hacerte estas preguntas:

- ¿Qué es lo que estoy repitiendo de lo que papá y mamá vivieron?
- ¿Qué es lo que está en mi historia que aún no he perdonado?

- ¿Qué personas o situaciones recuerdo con rabia o dolor?
- ¿Cuáles son los miedos que heredé que aún no he superado?
- ¿Cuáles son esas creencias limitantes que decidí aceptar?
- ¿A quién no quiero defraudar o traicionar?
- ¿A quién juré alguna vez que no iba a perdonar?
- ¿Qué pacto o promesa hice que me mantiene atado a una condición que ya no quiero vivir?
- ¿Qué pasaría si me atrevo a desafiar esas lealtades que he tenido hasta ahora?
- ¿Qué pasaría si me atrevo a perdonar y soltar esos pesos que he cargado?

Atrévete a responder cada una de estas preguntas con la valentía de quien tiene el deseo profundo de transformar su vida y convertirse en el creador de un futuro extraordinario. Después de responderlas, decide qué pasos vas a realizar para cerrar ese ciclo y estar en paz.

Si tienes la fortuna de tener a tus padres vivos, ten una conversación con ellos donde les agradeces su ejemplo, les perdonas y les pides perdón por todo aquello que este pendiente, y les pides permiso para hacerlo diferente. Te aseguro que esto marcará el inicio de una vida sin límites para ti.

Si tus padres han pasado de plano, puedes hacerles una carta y quemarla. En *El triunfo del alma* explico cómo hacer este proceso que es totalmente liberador.

Este proceso no está limitado solo a los padres, también nuestros abuelos, tíos y a todas las generaciones que estuvieron detrás y ejercen una influencia en nosotros. Cerrar ciclos, sanar y perdonar es la medicina para esto.

Dadas las circunstancias que hayas vivido, toma en cuenta que el apoyo terapéutico de un profesional siempre es la mejor opción para el manejo de los procesos de sanación emocional y cierre de ciclos del pasado. He atendido a numerosas personas que creen haber perdonado y sanado; y, sin embargo, las consecuencias de no haber completado el ciclo seguían presentes en sus resultados de vida: malas relaciones, problemas financieros, mala salud y conflictos que emergen de la nada y de repente cambian todos los planes, acabando con la paz existente. Sanar tu historia es la gran herramienta para poder tener la vida de tus sueños.

Recuerdo que, cuando era niño, detestaba la remolacha en todas sus versiones. Su sabor me parecía desagradable y hasta llegué a asustarme cuando iba a orinar y brotaba aquel líquido de color morado de mi interior. Hace algunos años, estaba en la ciudad de Valencia en la casa de mi productora en esa ciudad, Betsi Ramos, y cuando pasé por la cocina vi una jarra con un líquido morado que se veía húmeda por fuera de lo fría que estaba. En mi emoción de saciar mi deseo de beber ese jugo de "mora", me serví rápidamente un vaso y cuando me lo estaba llevando a la boca, Betsi sale, se acerca y me dice: *"no sabía que te gustaba el jugo de remolacha"*. Justo en ese instante, frené de inmediato ante el horror de lo que significaba beber ese desagradable líquido.

Me gusta relatar esta historia, porque justo allí me di cuenta de que estaba actuando bajo un viejo programa que no me había atrevido a cuestionar. Ese programa, en lugar de llenarme de posibilidades, me restringía. Decidí tomarme la remolacha y, en cierto sentido, la disfruté. A partir de allí, la como cuando la encuentro en ensaladas, sin amargarme la vida por el hecho de no gustarme. Sé que no la voy a comprar, salvo que me la prescriba un médico, sin embargo, me pude permitir salir de esa vieja programación e integrar una nueva posibilidad en mi vida.

La programación de nuestra historia no solamente se origina en la interacción con nuestros padres o con quienes nos educaron, también se origina en la forma en que decidimos responder a lo que nos pasó, dado quienes éramos en ese momento. Es por eso, por lo que una gran herramienta para poder soltar, es aprender a cuestionarnos a nosotros mismos, dejando de asumir que nuestra forma de pensar y de reaccionar y nuestras opiniones sobre la vida, son las únicas o las correctas. Aprender a cuestionarnos tiene como propósito expandir nuestras posibilidades, además de apoyarnos en nuestra capacidad de integrarnos al mundo y sus diferentes matices. La persona que no pone en duda la veracidad de sus creencias o criterios vive encerrado en un laberinto en donde pasa varias veces por el mismo lugar, sin darse cuenta de que está haciendo lo mismo y por eso está obteniendo los mismos resultados.

Cada vez que una situación no salga como la tenías planeada, es porque hay algo que no estás haciendo de la forma adecuada. Para poder hacerlo de la forma adecuada, necesitas aprender algo que no sabes, y para aprender eso que no sabes, necesitas estar abierto al aprendizaje a través de la humildad.

Imagina que vas a asociarte con alguien, imagina que de esta sociedad dependerá tu estabilidad económica y por ende tu tranquilidad. Imagina que esta persona entonces comenzaría a ser un protagonista importante en tu vida. ¿Qué esperarías de esta persona?

Compromiso

¡Exacto! Lo menos que esperas de esa persona es que sea totalmente comprometida con la sociedad, que en cada acuerdo y compromiso esté dispuesta a darlo todo. El compromiso es el principal alimento del éxito, la energía que le imprimamos a cada proyecto determinará qué tan lejos y que tan alto llegaremos.

Recuerdo el caso de una amiga que estaba pasando por una situación difícil en su negocio de bienes raíces y acudió a preguntarme, qué podría estar pasando que no veía los resultados en ese negocio. Lo primero que hice cuando me planteó su inquietud fue preguntarle: ¿Qué porcentaje de tu energía y tiempo le estás dedicando a este negocio? Su respuesta fue: -Le estoy dedicando aproximadamente el 60%. Lo siguiente que le dije fue: - ¿Tus resultados son entonces del 50%?

Sus ojos se iluminaron como dos lámparas de automóvil en la noche. En ese momento lo había comprendido todo. Descubrió que estaba esperando un resultado del 100% cuando estaba dando solo el 60%.

La norma dice que si das el 60% obtienes el 50%, si das el 70% obtienes el 60%; lo cual quiere decir que para poder lograr el 100% de los resultados debes dar el 110% de tu tiempo, talento, compromiso y energía. Ahora bien, si evalúas tus resultados anteriores, ¿a qué conclusión llegas? Ahora vamos a ir a lo profundo: ¿Qué tan comprometido estás contigo mismo?

Cuando pienso en el compromiso y veo a las personas que han logrado cosas extraordinarias, me doy cuenta de que entre más comprometido es un ser humano más comprometido esta Dios con él. Te lo diré en otras palabras: la persona comprometida es capaz de movilizar, aparte de sus recursos propios, los recursos que sean necesarios para lograr lo que se ha propuesto. La divinidad ama a quien está comprometido. Me atrevo a decir que, un gran porcentaje de los fracasos que los seres humanos hemos tenido, y que se los adjudicamos a la mala suerte, en realidad han sido por falta de compromiso.

Creer en la buena o la mala suerte te desconecta de la responsabilidad que tienes con los resultados que estás buscando. He podido verificar a lo largo de mi vida que cada vez que juzgamos algo como mala suerte, en realidad era solo un resultado coherente con lo poco comprometida que estaba la persona involucrada. La mejor forma de tener buena suerte es estar 100% comprometido, ser totalmente coherente, honesto, confiable e íntegro.

Para poder sintonizar con la frecuencia de la abundancia y la prosperidad, debemos hacer del compromiso con nosotros mismos una norma, ya que lo que nos damos a nosotros, es lo que damos a los demás, es lo que le entregamos a la vida y, por supuesto, es lo que la vida nos regresa expresado en prosperidad y abundancia.

Ahora recuerda: ¿Cuántas promesas te has hecho que no te has cumplido? ¿Qué dice eso de ti? ¿Cómo te hace sentir?

Sé que acabo de hacerte unas preguntas que pueden haber tocado una parte muy íntima de tu ser. Tal vez, la vergüenza es la emoción más común en lo que respecta al ámbito de las promesas que nos hacemos en la intimidad de nuestra mente. Sentir vergüenza es tal vez lo más desgastante que un ser humano puede experimentar. La vergüenza es la negación directa de la propia luz, es la negación de la identidad, del yo personal.

En nuestro universo personal continuamente tenemos diálogos internos. Gran parte de estos diálogos están orientados a esas promesas que nos hacemos continuamente a nosotros mismos: *"Mañana sí me levanto temprano. No voy a volver a dejar que me hable así. No me voy a volver a quedar callado. Esta semana renuncio. Hasta hoy aguanto esta situación. Este es el último chocolate que me como. Mañana sí voy a trotar. Ahora sí voy a decirle lo que siento. Nunca más lo volveré a hacer…"* y un infinito etcétera.

La consecuencia natural, una vez somos conscientes de la forma en la que nos traicionamos, es esa sensación de minusvalía, de no estar cómodos con nosotros mismos, que genera una rabia que poco a poco se va transformando en culpa. Con el paso del tiempo, esta culpa se va desvaneciendo para dejar paso a algo peor: dejamos de tomarnos en serio al dejar de creer en nosotros.

Surge en lo más íntimo de nuestro ser una indiferencia hacia nuestro valor personal que hace que nos desconectemos de ese amor propio que nos hace sentir valiosos. Recuerda que el valor que te das es el valor que los demás te darán. La falta de auto valoración es la consecuencia natural de traicionarte a ti mismo a través del incumplimiento de las promesas que te haces. Una persona que no se valora a sí misma difícilmente se compromete, difícilmente da lo mejor de sí y, por supuesto, difícilmente logra resultados. Se convierte en una carga para los demás, lo que hace que el sentido de no valer lo suficiente, se refuerce cada vez más.

Ahora pregúntate: ¿Qué me impide creer en mí mismo? ¿Qué es lo que hace que no tome en serio mis propias promesas? ¿Qué voy a hacer a partir de hoy para honrar mi palabra como algo sagrado?

Sé que en algún momento todos nos hemos incumplido nuestras promesas, una de las peores cosas que podemos hacer es juzgarnos y castigarnos a nosotros mismos. Ese auto ataque lo que hace es reforzar aún más la negación de nuestro valor personal.

Cumplir totalmente las promesas, ser puntual en tus compromisos, honrar tu palabra como algo sagrado, genera una particular energía alrededor y dentro de ti. Esta energía es la que hace que le gustes a las personas, hace que la gente quiera estar contigo, hace que te ofrezcan oportunidades de negocios, de amistad. En definitiva, esta energía es la llave maestra que tiene la capacidad de abrir las puertas del lugar donde están tus sueños. Alimentar esta energía, es una de las mejores inversiones que puedes hacer.

El principal alimento del compromiso es la disciplina. Mi definición favorita de disciplina se la aprendí al conferencista Alex Dey: *"Disciplina es hacer lo que debe hacerse, cuando debe hacerse, aunque no tengas ganas de ello"*.

Es tremendamente poderosa esta definición, porque nos enseña algo que va en contra del instinto natural del ser humano. Y es que pretendemos encontrar la prosperidad en lo cómodo, en lo fácil o en lo conocido, y nada más lejos de la verdad.

Si queremos vivir en prosperidad debemos acostumbrarnos a los cambios, darle la bienvenida a lo nuevo, estar abiertos a aprender cada día algo que nos desafíe. La disciplina nos ayuda a elevar nuestro nivel de conciencia. Nuestro instinto natural nos lleva a buscar lo seguro. Piensa en alguien que tiene un empleo, la sensación de esta persona, es que está segura porque recibe quincenalmente su sueldo. Sin embargo, esta seguridad se convierte en su esclavitud y en su principal limitación, pues sus ingresos estarán limitados por lo que el empleador decida, su tiempo no le pertenecerá y, aunque tenga un buen sueldo, estará trabajando por los sueños de los demás, no por los suyos.

Recuerda las veces que hiciste algo de forma disciplinada. ¿Cómo te sentiste? ¿Qué decía eso de ti?

La sensación de haber hecho lo correcto es tal vez una de las mejores fuentes de energía para el ser humano. Te ha pasado que, una vez que haces lo correcto, ¿tienes esa sensación de conexión con la vida? Como si experimentaras más felicidad, plenitud y vitalidad. Tal vez el mejor hábito que puedes cultivar en tu vida es hacer lo correcto. La energía que generas al hacerlo te da el impulso para repetir este tipo de acciones una y otra vez, creando un ciclo que se retroalimenta a sí mismo. Esta es la clave del éxito.

El compromiso genera auto satisfacción, sentido de valor personal, mejora la autoestima y contribuye de una forma notable en el desarrollo de una actitud que favorece nuestro logro. Los niveles de energía que tengas son determinantes en el proceso de comprometerte, lograr tus metas y vivir con sentido y propósito.

Detrás de la falta de compromiso hay una creencia interna de no merecimiento. La persona que no se siente merecedora de lo mejor en su vida, evita actuar de forma comprometida, ya que al no valorarse lo suficiente, no valora lo que está viviendo o le está pasando.

Hace poco atendí en consulta a una mujer profesional, con un hermoso matrimonio y madre de un pequeño niño producto de esa relación. Vino a mi consulta agobiada por la presión en su trabajo y con una sensación interna de querer renunciar a todo e irse lejos. Sentía que no merecía estar sana y tener una hermosa familia, que, aunque ella la valora y la ama, esa sensación y deseo de salir corriendo era algo que le llegaba a la mente con mucha frecuencia.

Cuando profundizamos en su historia, llegamos a un punto determinante: su mamá se había ido a otro país con el fin de trabajar para pagarle sus estudios. Esa era su herida central, haber sentido el abandono por parte de su mamá. Esto desencadenó en ella una mala relación con el dinero, ya que había asociado la creencia que el dinero en su vida significa abandono. Su madre, en una respuesta natural a la necesidad de darle educación, tomó una decisión que la marcó y le dejó ese vacío interior que ella saciaba de dos formas: queriendo huir, para repetir lo que ella interpretó que su mamá había hecho, y manteniendo una situación económica precaria.

Al descubrir el origen de su dolor interno logró reconocer el gran aprendizaje que la vida le había dado. Pudo perdonar a su mamá y descubrir además que sus principales miedos, inseguridades y la actitud negativa con la que muchas veces reaccionaba frente a las dificultades de la vida, las había aprendido de su madre. Reconoció que repetía esos patrones y que se había anclado al no merecimiento como una forma de honrar a su mamá y tenerla presente para mitigar el dolor de su ausencia.

Darse cuenta de todo esto le ayudó a tener más paz y a liberarse de esas cargas que, sin saberlo, le estaban obstaculizando su prosperidad.

Puedes ser disciplinado en hacer lo correcto, y también puedes ser disciplinado en hacer aquello que, en lugar de ayudarte a crecer y expandirte, genera todo lo contrario. De forma consciente y tal vez inconsciente, tenemos hábitos, rutinas y adicciones a los que les dedicamos tiempo, que nos alejan de aquello a lo que debemos comprometernos para cumplir nuestros objetivos. Ahora respóndete estas preguntas y una vez tengas las respuestas, decide la forma de actuar para corregirlas: ¿A qué cosas le dedicas tiempo que no te dan fruto? ¿Qué hábitos tienes que, en piloto automático, roban tu tiempo, energía y hasta tu salud?

Recuerda las veces que hiciste algo de forma disciplinada. ¿Cómo te sentiste? ¿Qué decía eso de ti?

Una de las excusas más comunes que usan algunas personas para no comprometerse, es la de no querer perder la libertad. Esto viene de una definición de libertad distorsionada y de un miedo al compromiso sustentado en la comodidad, la intolerancia, el miedo a la traición, a perder o a creencias nocivas implantadas por los padres como: *"Trabaje, estudie y prepárese para que no dependa de nadie. No confíe en la gente"*, etc.

El que no quiere perder la libertad es prisionero de la soledad. Muchas veces usamos la excusa de no querer perder la libertad como una máscara del miedo que sentimos a no dar la talla o a no ser lo suficiente para una persona o para una responsabilidad en particular. Este miedo tiene origen en nuestra historia, en esas heridas que aún no hemos sanado o en esas creencias erróneas que decidimos copiar de nuestros padres o de la sociedad. Otro disfraz de ese miedo al compromiso es la pereza, que es una de las tantas proyecciones de un ser humano que tiene baja autoestima y no cree en sí mismo.

La verdadera libertad es la capacidad de elegir hacer lo correcto, aunque esto implique pasar por etapas de entrega y de servicio incondicional. Aunque por momentos podamos sentir que no vale la pena entregarlo todo, aunque el cansancio y la desesperanza nos invadan, el compromiso total equivale al triunfo total.

El compromiso es la forma de crear algo que la gran mayoría de los seres humanos desconoce. Todo éxito llega como resultado de una siembra continua, nada se puede dar si no hemos hecho lo necesario o lo suficiente. Todo llega como resultado de haber acumulado un gran *momentum*. Esta es una palabra que descubrí hace 25 años, que proviene del latín y que traducida significa movimiento.

Tal vez el mejor resultado de la disciplina y el compromiso está en una de las más poderosas llaves para el éxito, esta llave es la:

Confianza

Como humanidad hemos subestimado la importancia de la confianza. Culturalmente, estamos acostumbrados a desconfiar de los demás y a ver el mundo como algo de lo que hay que cuidarse, porque allá afuera todo es hostil y agresivo y no tenemos en cuenta que, por una experiencia dolorosa, hay cien que no lo son.

Cuando vives en desconfianza dejas de ser confiable para los demás.

El gran peligro de vivir en desconfianza, es que ésta, es solo la proyección de la falta de confianza en nosotros mismos. Una de las principales razones por las cuales llegué al extremo de quedar en la quiebra dos veces fue por no confiar ni creer en mí mismo, y ese es el riesgo de vivir en desconfianza, que dejamos de reconocer nuestro valor personal. Dejamos de ver nuestras virtudes, capacidades y talentos, y nos sentimos inferiores a los demás, nos comparamos con ellos y de alguna forma desarrollamos una actitud de competencia y defensiva, lo cual hace que sea agotadora para los demás la convivencia con nosotros.

Una persona que no se ama es un peligro para los demás, pues va buscando afuera lo que no se ofrece a sí misma. Culpa a lo externo de todo lo que le sucede y genera la actitud de víctima, porque así es que se siente valiosa y parte de algo.

¿Te gustaría tener un socio o una pareja que te mire con recelo y que quiera controlar cada movimiento que hagas, y que vea en ti a alguien que le miente a cada momento?

Si no has tenido experiencia de alguien así, tal vez seas tú el que lo hace.

Otro factor determinante es que la prosperidad es amiga de las personas que son totalmente CONFIABLES y ser confiable implica que eres una persona que cumple tres requisitos:

- HONESTIDAD. Sabes qué esperar de una persona honesta, sabes que puedes delegar en ella cosas importantes, porque siempre es transparente e incondicional. No oculta nada, no tiene segundas intenciones y, por lo tanto, es confiable.
- COMPETENTE. La persona competente sabe hacer lo que dice que va a hacer, es profesional y su prioridad es la excelencia en todo lo que hace.
- COMPROMISO. La persona comprometida sabe y reconoce que todo lo que sucede es el resultado del nivel de compromiso que esté dispuesto a asumir. Por lo tanto, sabe decir que NO cuando quiere decir que no y solo se compromete en aquello que está dispuesto a cumplir. No se carga responsabilidades ajenas, sabe que cada persona tiene la vida que

se merece porque la ha creado y aunque sean sus hijos, evita cargarse con responsabilidades que no son suyas. No mira con lástima a nadie, pues reconoce que cada cual necesita lo que vive para poder evolucionar. Por lo tanto, sabe que el principal compromiso es consigo mismo. En esta coherencia encuentra la gran herramienta para darle lo mejor al mundo y por ende activar ese flujo de vida y energía en la que recibe de regreso, aquello que da.

La persona confiable sobresale en medio de la multitud. Cuando estás a su lado sabes que es diferente, que no es como los demás, su presencia te inspira, sus palabras son más fáciles de escuchar, su actitud te genera paz, porque te dice aquello que siente y piensa. Adentro de ella hay armonía y equilibrio y eso es lo que da. No juzga, no se siente superior ni inferior a nadie, por lo tanto, no va por el mundo diciéndole a los demás cómo deben vivir, simplemente acepta a los demás como son, porque reconoce que así son perfectos y que solo depende de ellos mismos, transformarse en su mejor versión.

La verdadera pobreza es la incapacidad de dar lo mejor de nosotros mismos.

Quien es confiable ha llegado a este nivel de desarrollo interno por su gran capacidad de administrar un recurso valiosísimo. Este recurso lo tenemos todos en abundancia, sin embargo, solo los que deseen llegar más allá de sus límites y alcanzar la realización personal, lo tomarán en cuenta y le darán el valor que en realidad tiene. Este recurso es el:

Tiempo

Curiosamente es un recurso tan abundante como el aire que respiramos y, sin embargo, al que menos honramos. Generalmente, inventamos la excusa de la "falta de tiempo", para disfrazar el hecho de que no nos importa algo lo suficiente como para meterlo en nuestro cronograma.

La falta de tiempo es el resultado de hábitos, la mayoría de ellos, inconscientes. Tal vez el más frecuente de todos, es el decir que sí a todo lo que nos piden hacer, o creer que todos necesitan nuestra ayuda o que, si no hacemos nosotros mismos las cosas, no quedarán bien hechas.

Si ese es tu caso, estás en presencia de una estrategia para mantenerte estancado, que, aunque por fuera se ve muy noble, por dentro solo demuestra una necesidad de controlar o de validar tu autoestima al creerte imprescindible. Este tipo de personas suelen padecer de dolores de espalda o de problemas en su columna, por la sobre carga que llevan en sus vidas.

Otro hábito se lo hemos aprendido a la modernidad. La tecnología crea grandes herramientas para acelerar nuestro proceso y también crea distractores que nos pueden servir como un recurso valioso o como un agujero negro en donde desperdiciamos nuestro valioso tiempo.

Me refiero a las redes sociales: pueden ser fuente de buenos negocios o nos pueden generar un proceso adictivo por las dosis de dopamina que nos generan su uso continuo.

No soy enemigo de la tecnología, al contrario, la considero una gran bendición. Me estás leyendo gracias a esa bendición y quiero confesarte que ha sido una de las grandes herramientas para mi propia transformación. Para mí, YouTube es el invento más poderoso de todos, pues en esta plataforma he conocido a hombres realmente sabios. He visto no solo entretenimiento, sino conferencias como las *TED Talks* o tutoriales para casi todo lo que puedo imaginar. Allí, no solo encuentras recursos que te pueden apoyar en cualquier área de tu vida, también puedes convertirte en el recurso. Tú mismo, con pocas herramientas, puedes crear tu canal y dar lo mejor de ti al mundo.

En mi canal: Humberto Montes superación personal y auto maestría, tengo la recopilación de la mayoría de las entrevistas que he dado desde hace más de 16 años, en diferentes medios y canales de televisión en América Latina. En cada una de ellas, comparto diferentes herramientas que me han ayudado y he podido verificar por medio de los resultados. Cada palabra de este libro *El gran reto de los 21 días,* ha sido verificada en su totalidad por mí. Hoy mi vida es un reflejo de que sí funciona, estoy viviendo una vida por encima de los sueños que tenía y la forma como la conseguí no está solo aquí, también está en cada uno de esos videos que con todo el amor allí te comparto.

Estoy convencido de que la persona que sea capaz de dedicar una hora al día a estudiar algo que le gusta puede convertirse en un experto a mediano plazo y en el largo plazo, puede convertirse en un maestro.

Con frecuencia, al finalizar el Diplomado de Coaching Profesional, en el que llevamos hasta ahora, 46 cohortes impartidas en siete ciudades de, Venezuela y actualmente la ofrecemos *online*, los estudiantes me preguntan ¿Qué más puedo estudiar?, ¿qué sigue después? A lo que siempre respondo: asegúrate de ser extraordinario en esta herramienta que te acabas de llevar, luego puedes complementar o enriquecer con algo que vibre contigo.

El éxito está asegurado para las personas que tienen maestría en un tema. Esta maestría se logra con la dedicación y especialización. Un error común, que cometen muchos profesionales, es que les gusta coleccionar diplomas y en este proceso acumulan diversos saberes, lo cual es maravilloso. Sin embargo, es notable que, con el paso del tiempo, no sobresalgan en ningún saber en particular.

Esto nos lleva al siguiente principio, que es también fundamental en el proceso de cualquier ser humano. Esta herramienta tiene la capacidad de ser el faro que guía nuestra nave a ese destino, a ese sueño anhelado que sabes en lo profundo de ti que te mereces.

Este principio es:

Enfoque

Uno de los regalos más grandes que nos ha dado la naturaleza es nuestro cerebro. Ubicado entre la médula espinal y el tálamo está un conjunto de neuronas que reciben el nombre de **Formación reticular ascendente**. Entre muchas de sus funciones, la que más nos interesa, por el tema de este libro, es la de ayudarnos a enfocar nuestra atención.

Te ha pasado que, cuando deseabas algo, de un momento a otro, ¿comenzabas a verlo en todos lados? Por ejemplo: es común que cuando una mujer queda en embarazo, ella y su pareja comienzan a ver mujeres embarazadas en todas partes. Y no es que mágicamente brotaran de la tierra, ellas siempre estuvieron allí, solo que, como no habían activado su interés en ese tema, aunque estuviesen allí, pasaban inadvertidas. Lo mismo sucede cuando queremos comprar un auto de una marca y un color particular, comenzamos a ver ese auto de ese color como si hubiese una invasión de ellos en nuestra ciudad y este fenómeno se genera, porque la formación reticular ha priorizado este tema en tu mente.

Ahora bien, si así funcionamos, podrás darte cuenta por qué es común que te toque enfrentar con frecuencia situaciones que rechazas de la vida, precisamente por eso, porque las rechazas. La vida te va a enfrentar a aquello que juzgas, a aquello a lo que le tienes miedo, a aquello a lo que te enfrentas y por supuesto, a aquello que dirías que jamás aceptarías de la vida. He visto con frecuencia a hombres abiertamente homofóbicos tener que enfrentar el hecho de tener un hijo homosexual o a personas que dijeron que jamás aceptarían una infidelidad de su pareja, tener que vivir ese proceso.

Es por eso que el cuidado de la palabra es tan importante. Cada palabra que sale de ti está creando las experiencias que vivirás mañana.

Una de las claves más importantes que debemos aplicar, si deseamos usar el poder del enfoque de forma apropiada, es asegurarnos de enfocar nuestra atención en aquello que deseamos que suceda. Tradicionalmente, sobre todo si eres papá o mamá, la tendencia es pensar en lo peor que puede suceder, en el peor escenario posible. Entonces los padres ven y visualizan a sus hijos viviendo en los peores escenarios o cometiendo las más graves travesuras. Y hasta culturalmente, las Leyes de Murphy tienen arraigo en muchas personas cuando las dan como algo cierto. "Piensa lo peor y acertarás", dicen algunos, y su vida es el reflejo exacto de esta forma de pensar. Piensan en lo peor y eso es lo que les sucede en su experiencia diaria. Algunos padres con los que he hablado piensan que, al enfocarse en lo peor, están evitando que suceda. A la luz de este conocimiento, el pensar en lo peor no evita que suceda, al contrario, acelera o facilita que suceda.

Dediqué 10 años, de 1993 hasta 2003, al estudio de la espiritualidad. Después de profundizar en numerosas filosofías y doctrinas, pude extraer en un concepto algo que todas tienen en común. Creo firmemente que este concepto es una clave que encierra gran parte de la sabiduría de la creación. Esta clave la han aplicado todos los escritores, millonarios del planeta tierra, todos los grandes artistas, los deportistas, inventores, científicos, en fin, todos los hombres que han hecho historia, siguen fielmente esta premisa:

En donde pones tu atención, ahí estas tú y en eso te conviertes.

Es un hecho matemático, te conviertes en aquello a lo que más dedicas tu tiempo. Si dedicas tiempo a la queja, la vida te dará situaciones para que te sigas quejando, entonces te conviertes en un quejón. La tendencia es que nos convertimos en aquello que rechazamos, en aquello que juzgamos, en aquello a lo que tememos, en aquello que no soportamos. Y si no nos convertimos en eso, lo atraemos, para así revalidar ese círculo vicioso que nos hace permanecer siempre en lo mismo. Amo las palabras del gran Wayne Dyer: *"cuando cambias la forma de mirar las cosas, las cosas que miras cambian"*.

Este poder es lo que nos acerca más a lo divino. Creo totalmente en las palabras del maestro Jesús cuando expresa: *"mayores obras que las que yo hago, vosotros las podéis hacer"*.

Lo más grandioso es que la ciencia a través de la física cuántica ha corroborado esta afirmación del maestro.

Quiero invitarte a que veas un video extraordinario sobre cómo la ciencia verifica muchos de los conceptos espirituales que se han dado a la humanidad desde hace miles de años. Este video debes verlo varias veces para que puedas absorber y comprender la información extraordinaria que contiene. Se llama *"What the bleep do we know"*. Está en YouTube y tiene dos partes.

Es uno de los mejores recursos para quitarnos de la cabeza tanta manipulación y malas interpretaciones de la divinidad. Yo abrazo la concepción divina del filósofo Spinoza que enseñó que Dios no es una entidad ajena a nosotros, para Spinoza, Dios es todo lo que existe, por lo tanto, no solo estamos inmersos en Dios, somos Dios. Esa inteligencia a la que los católicos llaman Espíritu Santo es el campo cuántico para los científicos, el Ki para los japoneses, el Prana para los hindúes o el Chi para los chinos. Por lo tanto, humanizar a Dios y darle características humanas, no solo es inexacto, es contraproducente en nuestra evolución.

Dios no juzga, no te culpa, no está molesto contigo, no mata a los malos ni quiere solamente a los buenos. Dios está por encima del bien y del mal, de la justicia o la injusticia, no está de parte del equipo del que eres hincha ni es el responsable de que ganen.

Fuiste creado a su imagen y semejanza, literalmente. Dios solo quiere el bien, la prosperidad y el amor en tu vida, y ha creado un universo que se rige por leyes, leyes que cuando las usas sabiamente, te conectan con estados de plenitud, bienestar, salud y por supuesto, esa riqueza física y material que te MERECES. Sí, así en mayúscula: TE LA MERECES TOTALMENTE. No sigas creyendo las mentiras de la sociedad o de quienes no te dieron buen ejemplo. Tú, MERECES ser próspero, MERECES que te amen totalmente, MERECES tener una salud extraordinaria, MERECES cumplir todos tus sueños, conocer el mundo, disfrutar, bailar, reír, ser feliz y servir con esas bendiciones que MERECES.

La vida solo está esperando un acto de humildad de tu parte. Ese acto de humildad, es reconocer y aceptar que algo te falta por aprender. Porque tú y solo tú eres el creador de esa realidad, tú y solo tú, eres RESPONSABLE de las cosas hermosas y de las cosas dolorosas que has vivido. El llamado de la vida, es a dejar de luchar y comenzar a amar. A dejar de ser guerreros y convertirnos en canales y facilitadores de la luz del creador a través de nosotros. El llamado de la vida es dejar de sufrir y comenzar a creer totalmente en ti y sobre todo, en esa conexión invisible que existe con la sabiduría del universo. Todos tenemos dones dormidos, poderes grandiosos sin desarrollar, todos absolutamente todos, somos hijos de la creación y no importa en el lugar desde donde estés empezando, si tienes un sueño, cree en ese sueño, cree en ti, cree que el universo entero está aliado a tu sueño, decreta que eres el merecedor de ese sueño. ¡Cree en ti!

Pon entonces toda tu atención en el amor que ya eres, en la sabiduría que ya eres, en la prosperidad que ya eres. Es hora de sintonizar en tu mente, en tu corazón y en tu alma, la frecuencia de la prosperidad. Para eso, debes perdonar, soltar las cargas, darte el permiso de cambiar la forma en la que ves el mundo. No está mal estar equivocado, al contrario, es perfectamente natural y humano errar y tú tienes ese derecho legítimo, tienes el derecho a no saber, tienes el derecho a cometer errores, tienes el derecho a ser vulnerable, a cambiar de opinión, a estar triste, a estar y ser como eres. Si sientes que necesitas apoyo escríbeme, y personalmente o con la gran red de profesionales que hemos capacitado y que están por todo el mundo, te podremos apoyar.

Hasta ahora, te he hablado de conductas que generan un resultado externo, conductas que te apoyan a crear una imagen social de respeto y confianza. Ellas deben ir acompañadas de hábitos que hacen que te conviertas en un imán para atraer bendiciones a tu vida.,

Porque realmente es así, cuando leas en *El triunfo del alma (disponible a nivel mundial en amazon.com y en audio libro en fonolibro.com o en Spotify)* la metáfora de las escaleras eléctricas, te darás cuenta de que la lucha se desvanece. Que, en lugar de salir a buscar clientes, ellos te buscarán a ti, que tu principal problema a partir de hoy, será cómo vas a administrar tu tiempo por el volumen de oportunidades tocarán a tu puerta, y cómo encontrar un equilibrio entre lo que amas hacer y el tiempo de calidad que tendrás con tu familia y contigo mismo.

Cuando tienes un sueño es porque ese sueño ya te soñó a ti. Ese sueño está esperando por ti y, por lo tanto, tu labor es colocarte en la frecuencia de vibración de ese sueño.

Si algo disfruto, es ver a alguien lleno de sueños; porque justo ahí, estoy en frente de un ser que está cumpliendo la voluntad de Dios.

Uno de los principales hábitos para elevar tu frecuencia a la frecuencia del amor incondicional, que es la más elevada, es:

Gratitud

La raíz de todo bien reposa en la tierra de la gratitud.

Dalai Lama

Si estás leyendo esto es porque puedes ver, y eso ya es razón más que suficiente para estar agradecido.

Para poder vivir desde la gratitud, el primer paso es que dejes de creer en el bien y el mal, no existe tal cosa como eso. Recuerda que todo en la vida es neutral y, aunque parezca horrible o trágico, nada escapa a la ley de la correspondencia. Todo lo que sucede, pasa porque es correspondiente con aquellas personas que lo están viviendo. Ocurre porque esas personas que lo están viviendo, necesitan esa experiencia para su proceso natural de evolución.

En el universo no existe la injusticia y, aunque en este momento estés pensando en casos extremos como la hambruna en África, los tsunamis en Asia, el holocausto judío por parte de los nazis o la diáspora venezolana, cada acontecimiento que la vida trae, es necesario para quien lo vive.

Sufrimos porque no comprendemos por qué pasan las cosas y no vemos el escenario completo, solo vemos una parte y esa parte, como la punta de un iceberg, es una pequeña porción de algo que es más profundo y complejo. Es por eso importante que dejemos de juzgar, porque cuando lo hacemos nos ponemos en una posición arrogante. Esta posición de arrogancia, además de ignorante, es de una frecuencia muy baja. Cuando aprendamos a abrazar el dolor como mecanismo de elevación, aunque no comprendamos el por qué, sabremos que sí existe un para qué y una muestra de sabiduría, es enfocarnos en ese para qué.

Todo lo que nos acontece, aparece en nuestra vida por tres razones fundamentales:

1   Porque lo hemos creado como parte del proceso pedagógico para nuestra evolución en este plano de forma consciente o inconsciente.
2   Porque superar lo que nos pasa, nos hará más fuertes, más sabios, más nobles.
3   Porque somos capaces de superarlo, con o sin ayuda.

He tenido la inmensa fortuna de conocer a personas que han pasado por situaciones extremas: sobrevivientes de los campos de concentración en la segunda guerra mundial, personas que han pasado por la muerte de sus hijos y todos ellos descubrieron que algo tan doloroso, solo les ha traído bendición, porque les ha bajado el ego y les ha ayudado a desarrollar el amor y una comprensión más elevada de la vida.

En este sentido, y con el fin de crear esa comprensión más elevada de la vida, tocaré otro aspecto muy importante: es urgente que renunciemos a creer en la muerte. LA MUERTE NO EXISTE. Ya es hora de despertar a la nueva comprensión de la vida. La vida es como la energía: ni se crea ni se destruye, solo se transforma. Morir es como irse de viaje y a todos nos va a llegar el momento de ese viaje.

Sé que estoy abordando temas delicados y de mucha sensibilidad, pero también sé que el tiempo en esta tierra es demasiado corto para seguir viviendo en el oscurantismo, en la ignorancia y en creencias obsoletas que lo único que han dejado, son sociedades divididas por las luchas de poder, seres humanos que sufren y le dan la espalda a su herencia divina y a su propósito de vida.

Ya es hora de poner en funcionamiento la mecánica del universo en beneficio de nuestros sueños, por eso el primer paso es lo que acabas de leer hasta aquí. Conviértete en el capitán de tu nave y no permitas que tu vieja programación siga conduciendo tus pasos.

Agradecer es un acto de profunda sabiduría. De hecho, para reconocer la sabiduría en un ser humano puedes mirar que tan agradecido es en medio de la adversidad. Llegar a este nivel de compresión es posible cuando hemos reconocido que la vida que tenemos es la única posible en este momento, porque es correspondiente con lo que somos internamente.

Es necesaria, porque contiene justo las lecciones que necesitamos aprender para nuestro proceso personal de evolución y es inevitable, porque hemos sido nosotros los diseñadores de lo que nos pasa, desde nuestro ego o desde nuestra ignorancia.

Para aprender a agradecer, primero vamos a preguntarnos: ¿Cuál es el beneficio de quejarme? ¿Cuáles son los resultados de la queja en mi cuerpo, en mi mente, en mi emoción? ¿Cómo me siento cuando estoy cerca de una persona que se queja?

Es posible que después de responder a estas preguntas, descubras que la queja es algo inútil y también una mezcla de arrogancia e inmadurez, que lleva a quien se queja, a ser inferior a los problemas que ella misma ha generado. Luego, haz una lista de aquellas cosas de las cuales te quejas con mayor frecuencia y en cada una de ellas observa de qué forma permitiste que eso sucediera.

Desde hace más de 16 años diseñé un taller que con el paso del tiempo, ha ido evolucionando. En este taller, han hecho aportes valiosos personas como mi gran amigo el escritor y sanador Rafael Coriat. Este taller se llama *Liberándome del Saboteador interno;* allí las personas viven un proceso profundo de sanación y liberación. Además, generamos una reprogramación de nuestras conductas reactivas y una conexión con el amor que hace que las personas salgan de allí creyendo y verificando el inmenso poder del amor y de la sanación.

Es perentorio que no camines solo, debes apoyarte en un profesional que te ayude a ver esas cosas que no ves y así puedas avanzar de una forma, no solo más rápida, también más consistente. Apoyarte en un profesional te ayudará a expandir tu...

Visión

La visión lo es todo. Qué tan lejos, tan alto, tan detallado, tan grande, tan poderoso, tan fuerte, tan sabio, tan noble, tan exitoso, tan próspero y abundante te puedas ver, marcará exactamente el lugar al que vas a llegar.

Todo en la vida tiene un precio. Vivir en prosperidad y abundancia nos exige un precio que debemos pagar si queremos tener acceso a esta nueva forma de vida. Implica renunciar a creencias limitantes como: *"El dinero es malo o es la causa de todos los males, los ricos son los culpables de todo lo malo que pasa"*. También, implica dejar de envidiar y juzgar a cualquier persona que haya logrado lo que tú no.

Expandir nuestra visión es lo mismo que expandir nuestra fortuna y bienestar. Para esto, vamos a estar conscientes de qué forma está calibrado nuestro termómetro de la abundancia. Por ejemplo, hay personas que no se gastarían 100 dólares en un pantalón porque les parece caro. Asimismo, hay personas que jamás se pondrían un pantalón de menos de 100 dólares porque les parecería ordinario, de baja calidad o de mal diseño.

Entonces, el problema no es que el pantalón esté caro o no. Todo tiene un costo. El foco del asunto, es que la persona a la que le parece caro tiene su termómetro de abundancia por debajo de este margen, es decir, su visión solo llega hasta ese punto.

Nuestro paso natural en este proceso, es aumentar ese margen y comenzar a reprogramar la percepción de nuestra capacidad de logro.

Para iniciar, comienza visualizando cómo está tu vida en este momento y reconoce qué cosas crees que están bien y enfócate en aquello que desees mejorar. Duplica el resultado de lo que quieres obtener. Por ejemplo, si actualmente estas vendiendo 1000 ponte como meta 2000; cuando logres esos 2000, duplica la meta. En la descripción de la metodología del Plan, te daré las pautas para definir el proceso y así, amplíes la visión de ti mismo.

Expandir tu visión, implica dejar de ver la pobreza como una virtud, la pobreza es ausencia de virtud. Cuando vivimos en pobreza es porque estamos en miedo y una de las máscaras más frecuentes del miedo es la arrogancia y la negación de la propia luz.

No se trata de que derroches tu dinero, se trata de que te visualices siendo capaz de tener acceso a mejores bienes y servicios. Que te atrevas a soltar esa zona de comodidad en la que ganas lo justo para vivir y actives formas creativas de generar, a través de tu pasión y talento mayores fuentes de ingresos o de inversión.

El mejor regalo que le puedes hacer a la humanidad, es salir de la zona de pobreza y enseñar a otros cómo pueden hacerlo a través de tu aporte a la vida. Para lograrlo, debes convertirte en un maestro en el arte de manejar tus energías a través de las emociones y de aquello que sucede en tu interior, cuando la vida te pone frente a situaciones que son difíciles de manejar. La mejor herramienta para liberarte del sufrimiento y mantener estados de paz permanente es la:

Aceptación

El caso de Manuela.

Manuela es una mujer que se acerca a los 60 años. Tiene dos hijos adultos de diferentes padres, que nunca se hicieron cargo de ellos, y en el momento en el que se comunica conmigo se siente estancada porque su única labor es cuidar de sus nietos. Estar sin trabajo, en un país que no es el de ella, dependiendo económicamente de sus hijos le causa una gran frustración.

Cuando me contacta, una de las frases que más me llama la atención es *"quiero que todo sea como antes"*.

Es hija de una familia de militares. Su padre alcohólico, distante emocionalmente, pero presente en la rigidez y carácter estricto. La madre, aunque no era alcohólica, también la trataba con dureza. Manuela desarrolló las mismas conductas de la mamá en el trato con sus hijos, a tal punto que, con la hija, no tiene vínculos de afecto ni ternura y con su hijo vivió según sus palabras, el momento más difícil de su vida debido a su homosexualidad y la no aceptación por su parte de la condición de su hijo.

El gran descubrimiento para Manuela fue que, debido a la rigidez con la que fue educada, desarrolló una actitud defensiva y de rechazo ante la vida. Su primera respuesta ante las propuestas, o lo que fuera que la vida le colocara en frente, era rechazarlo y mirar lo que sucedía con desconfianza. Continuamente se vio en confrontaciones con sus seres queridos y en particular con su hija, quien desarrolló un muro emocional, que no le permitía recibir ni ofrecerle afecto a la mamá.

Manuela descubrió que el rechazo a la vida era la principal causa de su estancamiento y de la continua infelicidad que estaba presente en su vida.

Para Manuela, aprender a dejar de confrontarse con la vida fue el mejor camino para comenzar a ver la otra cara de la realidad. De forma natural si ponemos nuestra atención en algo, lo amplificamos y la paradoja es que, si tu rechazas algo y le das importancia, esto aumenta, así mismo sucede con los miedos, las cosas que juzgamos y aquello que no soportamos, crece en virtud de la energía que le ponemos.

Es por eso que la aceptación es la gran herramienta para poner en orden nuestra vida. Es importante entender que aceptación no es resignación. La **resignación** es no hacer nada, aunque podamos hacer algo. La **aceptación** es soltar y respetar lo que no puedes controlar y hacerte cargo de aquello que sí puedes controlar y actuar con todo tu ser para crear esa realidad que anhelas. Aceptar, significa el fin del sufrimiento y la construcción de una vida de propósito y grandeza.

Estoy seguro de que la razón de existir del planeta tierra tal como lo conocemos, es porque nos proporciona el salón de clase perfecto para aprender. Sin embargo, no es un salón de clase como lo conocemos la mayoría de nosotros, es más un laboratorio donde aprendemos del ensayo y el error, pero, sobre todo, desde la incomodidad. Crecer, aprender y evolucionar es, por naturaleza, incómodo. Por esta razón, es utópico anhelar un planeta tierra en armonía y con paz. La tierra está diseñada para el conflicto y también para el reconocimiento de la grandeza de la creación por la belleza que ella nos regala.

Aceptar también es respetar el proceso de los demás, no podemos salvar a alguien por mucho que lo amemos ni podemos hacer que otro aprenda las lecciones que nosotros ya aprendimos. Por más injusto que nos parezca, el proceso de cada quien es perfecto de acuerdo a lo que necesita para su evolución espiritual y aunque siempre es noble y sano ofrecer lo mejor de nosotros mismos para servir a otros, solo podemos ayudar a quien desde la humildad recibe.

Aceptar es también darle un voto de confianza al destino y a la incertidumbre. Es natural que no comprendamos muchas de las cosas que nos suceden, sin embargo, ocurren por una razón y para algo que siempre será una bendición, si con humildad sabemos aceptar y hacernos cargo de forma responsable y con determinación. El universo está regido por la ley del amor y darle la espalda al amor genera el dolor; al regresar al amor el dolor desaparece, la comprensión de la vida se amplifica y comenzamos a reconocer que, aunque haya dolido, de ese dolor ha salido una nueva forma de amar.

"El resultado de vivir de acuerdo con la voluntad de Dios es la total prosperidad y felicidad. Todo lo demás son los resultados del ego y la ignorancia". Humberto Montes.

Jamás has estado sola, jamás has estado solo. Pertenecemos a algo más grande que nosotros y si soltamos todo aquello que es un obstáculo en nuestro interior y abrazamos las herramientas adecuadas, no solo seremos capaces de crear la vida que merecemos, también estaremos en capacidad de poner a aquellas fuerzas invisibles que están a nuestra disposición, para que nos ayuden a construir y edificar la grandeza de nuestra alma manifestada como abundancia y prosperidad. Por lo anterior, te entrego a continuación la metodología del plan de los 21 días.

El reto

El universo no está regido por la suerte, está regido por las leyes, si las desconoces tendrás mala suerte.

Para poder vivir en prosperidad y abundancia hay que tener presente que eres el creador de toda tu experiencia humana. Esta creación no es ni buena ni mala, solamente es correspondiente con aquello que eres internamente. Además, es correspondiente con tu nivel de conciencia. Si afuera de ti hay escasez es porque hay algo en tu forma de pensar e interpretar la vida que no está alineado con la abundancia. Por lo tanto, lo más sabio es buscar qué es lo que nos falta aprender, comprender o hacer que aún no hayamos hecho aprendido o comprendido.

El Plan de los 21 días, es un método que desarrollé y que he venido aplicando desde hace más de 12 años con mucho éxito. Su propósito es ser un apoyo en la consecución de metas y transformación interna y externa de nuestra vida. Está basado en principios de la PNL y algunos elementos de espiritualidad que han demostrado ser altamente efectivos. Si lo aplicas de forma disciplinada, verás resultados que, en muchos casos, pueden interpretarse como milagrosos. He vivido esos milagros personalmente, los he visto en mi familia y he recibido docenas de cartas confirmando la efectividad de este método.

Si deseas ser próspero debes saber exactamente lo que quieres, pero estar dispuesto a recibir algo mejor.

Primer paso

Escribe una carta en la que vas a enlistar todo aquello que quieres lograr en este año. Es importante que recuerdes que las cosas materiales son solo un reflejo de la persona que eres en tu interior, por lo tanto, el mayor énfasis debe estar en transformarte en un ser de mayor conciencia y vibración. El universo en el que vivimos ya es perfecto y abundante, la razón por la que no expresamos esa abundancia, es porque no la reconocemos y nos enfocamos en la dirección opuesta a ella.

Puedes iniciarla de la siguiente forma: Yo... (tu nombre) *estoy agradecido por:* vas a dar las gracias por cada una de las cosas que consideres valiosas en tu vida. Asegúrate de ser bien detallista en esta parte, para que puedas expresar con amor eso que es importante para ti.

Y continúas: *porque en este nuevo ciclo soy:* (tu lista de cualidades, valores, competencias, etc.). Recuerda que los resultados externos son el reflejo de lo que habita en ti, por lo tanto, es primordial que te imagines cómo serías en tu personalidad, gustos, dones y virtudes y cómo los expresarías al mundo. Por ejemplo: Soy amoroso, creativo, visionario, arriesgado, sereno, intrépido, coherente, equilibrado, confiable, sano, responsable, carismático, leal, incondicional, sabio, justo, con gran memoria e inteligencia, apasionado, valiente, capaz centrado, etc.

Luego haces énfasis en las cosas que quieres hacer, en las metas que quieres cumplir, por ejemplo: hago el viaje de mis sueños a Francia en el mes de agosto, corro el maratón, expando las operaciones de mi empresa a Europa, escribo dos libros de gran éxito el próximo año etc. También vas a colocar todas las actividades vinculadas a tu misión y propósito, así como la superación de algún tipo de enfermedad.

En este punto vas a enfocarte en el tener. Vas a escribir todas las cosas que quieres tener a nivel físico: bienes, servicios, hijos, pareja.

Escribe metas en las que estés dispuesto a comprometerte, sé específico, positivo y concreto en lo que escribas. Cuando escribas sobre dinero, coloca montos específicos en la moneda del país donde vivas.

Puedes usar *El Plan de los 21 días* como un complemento a otras técnicas o rituales que uses. Recuerda que todos los milagros serán posibles si eres lo suficientemente humilde para soltar la necesidad de tener la razón. Ningún ritual o técnica sustituye la acción, la perseverancia y la certeza de que eres capaz y mereces dar, ser y recibir lo mejor.

La carta no es de petición es de gratitud. Así que escribe todo en ella con la certeza de que ya es una realidad y que estás inmensamente agradecido por su manifestación aquí y ahora. En ella solo escribe para ti. Si quieres ayudar a alguien más enséñale a hacer su propio plan de 21 días.

Puedes cerrarla escribiendo: *"Bendigo el bien de todos estos logros. Estoy abierto a algo mejor que sirva para la bendición de mi vida y de todos los que amo"*. Otra forma puede ser: *"Acepto de forma abierta e incondicional todo lo que he expresado o algo mejor si contribuye a mi expansión y evolución"*. Si tienes una forma diferente de redactar la carta que resuene con tu Ser, sé libre de hacerlo.

Segundo paso

A la carta sácale dos copias.

Recuerda que eres un creador y que el próximo ciclo te va a ofrecer una página en blanco para que escribas un nuevo capítulo de tu vida. Para que sea mejor, es necesario que te permitas pensar diferente e interpretar la vida desde los ojos del amor y la gratitud.

El segundo paso es que, en la noche, antes de irte a dormir, en un lugar privado vas a leer tu carta. Después de leerla vas a tomarte unos minutos para visualizarte disfrutando de todos los logros que allí escribiste, sintiendo la alegría en cada parte de tu ser y fijando en tu mente imágenes brillantes de gratitud, con sonidos, olores y sensaciones profundas.

Después, quema una de las copias y guarda las cenizas en una bolsa. A la mañana siguiente, justo al levantarte, repites el proceso de leerla y visualizar. Y durante los siguientes 21 días, lo primero y último que vas a hacer todos los días, es leer tu carta y visualizar tus logros sintiendo intensamente la alegría en todo tu Ser.

El último día (el día 21), quema la otra copia y guarda las cenizas junto a las otras. Estas cenizas las puedes lanzar a un río o al mar y si no estás cerca de alguno, puedes enterrarlas en la raíz de un árbol. Conserva la carta original para que la estés revisando periódicamente y vayas tachando aquellas cosas que se te van dando.

Tercer paso

Ahora viene la parte buena.

Durante los 21 días no puedes quejarte de nada ni de nadie, aunque tengas razón para hacerlo.

Durante los 21 días no puedes criticar ni juzgar a nadie ni a ti mismo, aunque tengas razón para hacerlo.

Si algún pensamiento negativo viene a tu mente lo vas a cambiar usando una frase de rescate. Esta frase puede ser:

Yo Soy una fuente de paz y amor.

Yo Soy más grande que esto.

Bendigo esta situación y estoy abierto a ver el bien en ella.

Yo Soy un imán que atrae abundancia y prosperidad a mi vida.

Puedes crear la frase que más resuene en ti. No esperes a estar en frente de la situación para usarla, úsala día y noche para que no permitas que tu mente divague en pensamientos innecesarios.

Recuerda que todas las cosas que no te gusten en tu vida tienen como propósito expandirte si no te dejas controlar por tus conductas reactivas.

Si llegas a juzgar, maldecir, quejarte, descalificar verbalmente, debes empezar el plan desde el inicio. Usa la misma carta.

Si te molestas, solo puedes hacerlo mentalmente y de inmediato debes sustituir el pensamiento negativo por la frase de rescate. No es necesario que comiences desde el día uno si solo lo piensas, pero no lo dices. Si de tu boca sale cualquier palabra negativa, debes iniciar el proceso hasta que seas capaz de completar los 21 días sin juzgar, quejarte, pelear, chismosear o expresar cualquier tipo de frases o palabras discordantes.

Una de las claves más importantes de este tipo de herramientas es que van de la mano con el desarrollo espiritual de la persona que las practica, ya que, durante el proceso, la persona poco a poco va descubriendo que su forma de interpretar la vida se va modificando. Su capacidad de comprender lo que antes no comprendía se eleva y esto le conduce a despertar dentro de sí, estados de paz que antes no tenía.

El objetivo de este proceso, además de que logres resultados, es también aquello en lo que te conviertes. Todos tenemos un destino trascendente de diferentes formas y este método, acelera ese destino. Recuerda que, cuando un deseo no se cumple, es porque debes estar preparado para recibir algo mejor. Muchas veces nuestros sueños o metas son inferiores a lo que estamos destinados a lograr. Es por eso que nuestra mente debe permanecer humilde y sin expectativas, todo lo que sucede es perfecto, correspondiente y necesario para el momento evolutivo que estamos viviendo, la humildad nos da la capacidad de comprender el por qué y el para qué de lo que sucede.

En el capítulo final de mi libro: *El triunfo del alma,* comparto de manera amplia, ideas espirituales que son realmente poderosas y expansivas. Te ayudarán a comprender el significado de algunas de las inquietudes más comunes para el ser humano.

Ahora viene la parte más importante del proceso: la práctica. A partir del siguiente capítulo te voy a compartir reflexiones diarias para que las leas día a día, durante los 21 días. Cada una de estas reflexiones estarán acompañadas de una frase que vas a repetir mentalmente si estás acompañado o en un lugar público, o verbalmente si estás solo.

Tomar en serio esta sugerencia, es fundamental en el éxito de tu proceso, pues el gran regalo para tu vida, será que tu mente te obedezca. Que haga aquello que tú quieres en función de tu propósito y no de la programación a la que fue sometido por los momentos difíciles que viviste en la infancia.

Desata tu voz interior, descubre el sonido de tu alma, y entonces, dale al mundo la mejor serenata de la historia.

Día 1

"Yo soy el dueño de mi vida. soy más grande y poderoso que cualquier situación que enfrente".

Te doy las gracias por haber tomado la decisión de dejarte acompañar, de dejarte guiar y de permitirte invertir en ti. Es un gran paso, un paso extraordinario. Yo recuerdo siempre, cada vez que estaba en los momentos de oscuridad, que alguien me decía *"Humberto haz esto, Humberto haz lo otro"*, yo escuchaba, y esa fue la razón por la cual logré salir de esos momentos de oscuridad.

Para mí es un honor darte la bienvenida al primer día de *El Gran reto de los 21 días,* y quiero invitarte a que te des el permiso, durante cada uno de los 21 días, de vivirlos intensamente. Con esto me refiero a que estés atenta o atento a cada detalle de lo que pase en tu mente, a cada detalle de lo que veas, de lo que suceda en los pasos que des en función de lograr ese objetivo grandioso.

Te voy a compartir un poco los antecedentes de por qué se creó este plan. Hace unos trece años aproximadamente, yo vi que, aunque había logrado cosas: salí de esa quiebra del 2006 que tanto les he compartido y comencé a tener resultados, estaba como estancado, girando en un círculo sin sentido, como si las cosas se repitieran sin poder salir de ese lugar.

Comencé a recordar herramientas espirituales muy importantes, a recordar también esas herramientas de la programación neurolingüística que son tan valiosas y efectivas, con las cuales me he ayudado tanto y he podido ayudar a tantas personas en los procesos terapéuticos, y descubrí que necesitaba colocarle disciplina a mi mente. Que cuando yo le dijera a mi mente exactamente lo que quiero que suceda, mi mente pudiera funcionar de una forma más organizada, específica, concreta y con un objetivo. Si le pones un objetivo específico, la mente va a activar la formación reticular ascendente para que, a través de esa activación, puedas ver las cosas que para ti son invisibles en el proceso.

Recuerda siempre que la formación reticular ascendente es esa parte de tu cerebro que se encarga de amplificar aquello que para ti es importante. Entonces, si te quieres comprar un carro rojo vas a ver carros rojos por todos lados, si quieres quedar en embarazo, vas a ver mujeres embarazadas en todas partes. Y esto, ¿por qué es así? Porque la formación reticular se activa, y a través de ella comienza a amplificarse lo que deberías atraer, lo que quieres atraer.

Por eso es fundamental que te des el permiso de hacer este plan con disciplina, con humildad, con mucho amor. Porque la formación reticular va a amplificar aquello que has escrito en la carta, va a amplificar aquello en lo que pones tu atención diariamente y te va a dar la oportunidad entonces de dar un salto, una transformación personal. Porque eso es lo que queremos más allá de las cosas que logres de tu carta, lo que deseamos es lograr una transformación personal, una transformación que a ti te permita ver el mundo con nuevos ojos.

Recuerda siempre esta frase del gran maestro Wayne Dyer: *"Cuando cambias la forma de mirar las cosas, las cosas que miras cambian"*. No va a ser posible una transformación si sigues teniendo las mismas interpretaciones de la vida, no va a ser posible una transformación si sigues sintiéndote amenazado por los problemas y no abrazas los problemas como una oportunidad para aprender, para evolucionar y para crecer.

Cada problema, cada desafío, cada situación, es un regalo que la vida te da para que comprendas e internalices que hay un gran poder dentro de ti, que puedes expresar en acciones cargadas de sabiduría, de amor, de la voluntad de comprender que esta experiencia humana, es un proceso magnífico de aprendizaje en el que te sumerges para entender que eres luz, que eres amor y que cuando los expresas, esa luz y ese amor pueden ayudarte a solucionar los problemas de una forma más efectiva y aprendas a enfrentar y a manejar los momentos de desesperanza que llegan a ti, cuando ves tantas cosas que suceden.

Entonces, en este *Plan de los 21 días* abrirás tu corazón y comenzarás a creer en ti. Quiero que visualices que estás mirándote en un espejo grande y mientras te miras vas a decir: ***"Hoy creo en ti, hoy creo en mí, hoy creo en todas las dimensiones de mi ser y en este momento invoco a mis YO de todas las*** *dimensiones de este universo para que se unan a mí en esta dimensión y juntos logremos alcanzar el máximo potencial de lo que puedo ser, de lo que puedo hacer y de lo que puedo tener, porque yo soy valioso, porque yo soy merecedor y porque yo soy capaz".*

Ahora, ¿cómo te sientes después de haber leído estas palabras? ¿Cierto que se siente diferente? Sientes que comienzas a creer, comienzas a visualizar que es posible, comienzas a ver que puedes hacerlo.

Quiero pedirte por favor, que, en algún momento del día, te sientes y vuelvas a leer estas palabras. Lo importante es que te hagas cargo el día de hoy, porque ese es el foco central de tu primer día; te vas a hacer cargo de aquello que sucede en tu discurso mental, porque es lo que tú deseas, lo que has escogido y lo que quieres que pase. Vas a enfocarte y vas a obsesionarte con este propósito; escogerás lo que quieres que suceda en tu mente el día de hoy.

Porque lo que desearás en el día de hoy y por el resto de los días de tu vida, tendrá un propósito y reemplazará a aquellos pensamientos aleatorios que la mente trae a la consciencia, que se repiten una y otra vez, pensamientos de preocupación, de angustia, de miedo del futuro y de dolor por el pasado.

Por esta razón, vas a utilizar la meditación anterior, puedes agregar las frases que desees usar, pero vas a enfocarte hoy, sobre todo hoy, en estar despierta, despierto, para que en tu mente solo suceda lo que tú quieres que suceda. Vas a escoger amor, optimismo, una visión grandiosa de tu vida, una visión grandiosa de que aquello que hiciste en tu carta, es aquello que va a suceder.

Es muy importante que recuerdes esto. La carta se debe de leer en la mañana al levantarte, y, si no tienes muchas ganas de ir al baño, tómate el tiempo para visualizar aquello que acabas de leer. También, se debe leer todas las noches hasta el día 21 antes de acostarte; así que, antes de acostarte en lugar de estar viendo el teléfono en las redes o contestando mensajes, visualizarás cada una de las cosas que acabas de leer en la carta; visualizarás que tienes esos dones, virtudes, inteligencia, creatividad, capacidad de aceptar la vida y dejar de confrontarte con lo inevitable de ésta.

Recuerda siempre que la vida tal cual como es, es un regalo, pero no va a ser como tú quieres. La vida es como te toca vivirla, porque hace parte de un proceso pedagógico magistral diseñado por ti mismo antes de nacer, en el que te va a tocar vivir experiencias que, aunque te parezcan dolorosas, son experiencias necesarias escogidas por ti para el crecimiento de tu consciencia, de tu alma, de tu ser y para la conexión de la más alta frecuencia de amor que es la presencia de Dios en el universo.

No es necesario rechazar estas experiencias, sino aceptarlas. Cada día voy a hablar un poco acerca de la importancia de la aceptación porque la aceptación implica el fin del sufrimiento, implica el fin de tantas cosas que te impones en la vida para seguir avanzando y que te atrasan.

Por ejemplo, ¿qué te atrasa a ti? No aceptar el clima, no aceptar a tu pareja, estar esperando a que alguna persona cambie para ser feliz, estar esperando a que alguien cambie para poder tener paz. Es completamente inútil que todo el fundamento de tu felicidad esté basado en que alguien cambie. El fundamento de tu felicidad está basado en que aprendas a amarte tanto que no te quede otra alternativa que amar al mundo incondicionalmente, ese es el principio de la felicidad.

Así que hoy vas a estar atento, atenta y despierto, despierta, y recuerda siempre las normas de *El gran reto de los 21 días*:
Si llegas a hacer algún juicio, una crítica o quejarte verbalmente, te vas a devolver al día uno. Entonces, aplazarás el fin del plan, no terminarás tu plan el día 21, vas a terminarlo cuando completes los 21 días desde cero, a partir del día en el que tú cometas la falta de quejarte, de criticar, de juzgar.

Ahora bien, si eres un juez y tienes que hacer un dictamen en un juzgado, pues obviamente ese es tu trabajo. Pero a ti no te importa lo que las demás personas hagan con su vida y por eso no vas a juzgar, aunque tengas la razón. Porque aquí no se trata de tener la razón, aquí se trata de que vas a escoger la luz de tu ser para concretarla, para darle a la luz de tu ser la más grande expresión y bendición del amor que eres, y esto solamente lo puedes hacer en el nivel básico, que es el nivel de la neutralidad y esa es la meta, alcanzar el nivel de la neutralidad.

Y, ¿qué quiere decir neutralidad? Que vas a dejar de juzgar a todas las personas, a las cosas o situaciones, como buenas o como malas. Simplemente vas a aceptar que el mundo es como es y que tu función no es juzgar al mundo ni a las personas ni a las circunstancias y situaciones que se presentan. Tu función, es alcanzar la sabiduría con base en la comprensión de que tu rol en este planeta, es convertirte en amor para contagiar tus entornos de amor, así como lo hicieron los grandes maestros: Jesús, Gautama Buddha, Krishna, y como lo hicieron tantos otros maestros que han dejado una huella de amor en la tierra. Ellos dejaron de juzgar al mundo y se convirtieron en el amor, en el ejemplo de lo que debes seguir.

Es por esta razón que, a partir de hoy, cero juicios hasta el día 21, y por el resto de tus días. Porque lo que se pretende con el plan, no es solamente cumplir 21 días de comportarte bien, **no**, ésta es una preparación para el resto de tu vida, para que veas y sientas a partir de este día, cómo te vas a comportar y cuáles hábitos vas a cambiar.

Mi recomendación aquí, es que dejes el azúcar, los carbohidratos, los aceites y las grasas vegetales, suprímelos de tu dieta lo más pronto posible; si es complejo para ti, procura hacerlo gradualmente. Lo anterior, porque la vibración del azúcar, de los carbohidratos y de los alimentos ultra procesados, es muy baja, te quita energía y por ende, la conexión con tu fuente de poder. Si necesitas buscar ayuda nutricional o quien te apoye al respecto, te invito a que lo hagas. También es hora de dejar de sabotearte con la ingesta de alimentos que no te nutren.

A partir de hoy te vas a enfocar, concentrándote en observar qué es lo que pasa por tu mente. Por ejemplo, si tienes un pensamiento de queja o de crítica y no lo dices, puedes mantenerte en el plan tal como lo llevas, porque la meta es no decirlo, la meta es callarlo, esa es la meta. Porque la mente siempre va a estar en su continua repetición. Entonces, lo vas a mantener en silencio y reemplazarás ese pensamiento con esta frase, que será la que utilizarás el día de hoy: ***"yo soy amor y en mi mente solamente sucede todo lo que sea parecido al amor"***. Esta es la frase del día de hoy, así que repítela esa frase durante todo el día.

Día 2

"Acepto mi vida y todo lo me que sucede con total gratitud".

Quiero darte las gracias porque sé que estás atento, atenta, despierto, despierta y consciente en este proceso maravilloso de cambiar lo que sucede en tu mente, de cambiar lo que sucede en ese discurso que te estás diciendo a ti mismo.

Sin lugar a dudas, esta es una de las grandes herramientas que te permite tomar dominio de aquellas partes inconscientes que funcionaban en piloto automático. Y esto es importante, tenlo en cuenta, no permitir que la mente funcione en piloto automático, ¿por qué? Porque el piloto automático de tu mente es reactivo, vive en modo supervivencia, en modo defensivo. Y esto, ¿qué quiere decir? Que, en lugar de reaccionar, accionar o reflexionar frente a las situaciones que la vida te está presentando, tu mente es reactiva, es decir, busca la supervivencia y para sobrevivir ataca, descalifica y coloca un pensamiento por delante: *"estoy siendo agredido"*.

La gran mayoría de personas que viven en función de sentirse agredidos por los demás, aún están habitando en esa parte de su cerebro reptil, en esa parte reactiva de su ser en la que ven el mundo desde la agresión, en la que se sienten agredidos por los pensamientos y sentimientos de los demás. Cuando logras salir de ese proceso de sentirte atacado, es cuando comienzas a utilizar el lóbulo frontal de tu cerebro y en ese momento, utilizas la reflexión como mecanismo de expansión de tu ser y de tu consciencia, y es allí cuando comienzas a crecer de verdad, a convertirte en esa versión que quieres mejorar en ti, en todos los ámbitos.

En este sentido, a partir de hoy la reflexión continúa. Observar constantemente lo que está pasando por tu mente y escoger los pensamientos maravillosos que deseas que allí se generen, es la gran herramienta. Vas a trabajar en la capacidad de reconocer que todo lo que sucede en tu vida, sucede como un acto de amor y tomarás consciencia de esto; sé que es difícil de aceptar y de procesar. Lo que estoy diciendo es algo muy profundo, algo que interiorizas después de que pasas muchos años de vida entendiendo y comprendiendo, gran parte de la filosofía de la transformación personal.

Como lo mencioné en el párrafo anterior, todo lo que sucede en tu vida sucede como parte de un proceso en el que el amor es el protagonista. Dicho de otra forma: todo lo que sucede en tu vida sucede para que puedas expresar el amor. Todo lo que sucede en tu vida proviene del amor y va al amor. Si no comprendes esto y si no sabes aceptarlo, estará presente la consciencia limitada, ¿qué quiere decir? Que solo ves una parte del escenario, una fracción muy pequeña de todo lo que está en juego, de todo lo que está involucrado dentro del proceso magnífico de las circunstancias que estás viviendo, y solamente ves lo que tu mente quiere ver o lo que tu mente está capacitada para ver.

Esto quiere decir que, ante un evento que puede ser doloroso como la enfermedad, la muerte, la quiebra, el abandono o la traición ves únicamente aquello que tu mente está condicionada para ver y lo interpretas emocionalmente, de acuerdo con aquello para lo que estás programado.

Entonces, ¿qué hacer si esto pasa? Colocarás en pausa cada vez que observes algo y lo interpretes, ¿qué quiere decir poner en pausa? Que evitarás juzgar como bueno o malo lo que te está sucediendo, así, le darás permiso a la vida para que te muestre la verdad detrás de lo que está sucediendo.

Te voy a contar un ejemplo práctico. Muchas veces he atendido en consulta a personas que me cuentan, con gran dolor en su corazón, cómo fueron abandonadas por uno de sus dos padres; por supuesto, por estadísticas, en su gran mayoría son hombres los que han abandonado. Y en este proceso, cuando la persona reflexiona acerca de lo que vivió, de lo que le sucedió y de aquello en lo que se convirtió, se da cuenta de que lo mejor que le pudo haber pasado, fue haber sido abandonada. Porque su vida con esa persona hubiera sido peor en otros ámbitos, si hablamos que quien la abandonó, era alguien desordenado, maltratador y con grandes desordenes emocionales.

Entonces se dan cuenta y reflexionan: *"Bueno, aunque fui abandonada, aunque todo esto que me tocó vivir me causó muchísimo dolor, agradezco a la vida porque aquello que viví me ha servido para convertirme en el ser humano que soy, y cuando observo desde otro ángulo a la persona que me abandonó, me doy cuenta de que estuve mejor sin ella, me doy cuenta de que la vida con esta persona hubiera sido trágica, dolorosa y me habría generado otras heridas distintas a las heridas del abandono".*

Sin lugar a dudas, aquí voy a un punto muy importante: yo sé que muchos de nosotros anhelamos en nuestro corazón que el planeta tierra cambie, que se convierta en un lugar en el que podamos vivir juntos como hermanos bajo una sola forma de pensamiento, y muchos han anhelado tener una sola religión o una forma de política, por ejemplo. Resulta que esto es una utopía. ¿Por qué? Porque esto nunca va a suceder, dentro del sistema universal al que nosotros pertenecemos, el planeta tierra en su tercera dimensión, está diseñado como un salón de clases y en ese salón de clases siempre va a ser tercero de primaria, es decir, tercera dimensión. El salón de clases nunca se va a cambiar para cuarto de primaria, no, los que se gradúan son los alumnos, no el salón de clases.

Por lo tanto, hay algo que necesitas aprender a aceptar aquí y ahora: el salón de clases, este planeta tierra tal y como está diseñado, siempre va a ser un espacio de conflicto, en el que la dificultad y las diversas formas de problemas humanos van a estar presentes, porque a través de estas diversas formas de conflicto, es que alcanzamos la maestría, aprendemos las lecciones inherentes a este salón de clases y una vez que nos graduamos, llegamos a otro nivel de comprensión. A ese nivel de compresión en el que ya sabemos y decimos: *"Bueno, ya no tengo que volver a tercero porque ya me gradué y estoy listo para pasar a cuarto. Después para pasar a quinto. Después para pasar a sexto y así sucesivamente".* Ese camino de ilusión en el que vamos de regreso a Dios, de regreso a casa.

Por eso, es muy importante dentro de *El gran reto de los 21 días,* que comprendas que todo lo que sucede proviene del amor, ha sido generado para el amor y va en dirección del amor.

Es fundamental que dejes de juzgar, en esto es lo que hago tanto énfasis. He sentido últimamente que mi gran misión en la vida es enseñar a las personas el arte de vivir en la neutralidad, el arte de dejar de juzgar, porque es lo que más te atrasa. Te voy a decir algo, aunque te parezca una cosa imposible e irrealizable: dejar de juzgar, es solamente una de las cosas básicas dentro de este proceso, que vas a transformar y completar en el mediano plazo, y cuando digo mediano plazo, me refiero a un año o menos, dos años cuando mucho, eso es mediano plazo.

Dejar de juzgar implica comprender que la vida es perfecta y que tienes ángeles a tu alrededor que te apoyan en la construcción de esta vida y que actúan en función de tu libre albedrio. Es decir, te ayudan de la forma en que tú lo permites; te permiten hacer lo que tú les permitas a ellos, que ellos hagan por ti. En este sentido, es importante tener siempre un corazón abierto y humilde, y entregarlo ¿Sabes a qué? A la incertidumbre. Abrazar la incertidumbre y amarla es valiosísimo, porque cuando estás en ella, estás en las manos de Dios. Cuando sientas incertidumbre en tu vida, puedes decir:

"En este momento no sé qué hacer en mi vida, no sé qué camino tomar, por lo tanto, estoy en las manos de Dios Padre, Madre.

Dios Padre, Madre te entrego completamente cualquier tipo de interrogante que tenga, te entrego cualquier tipo de duda que tenga, te entrego absolutamente todos mis miedos, todo lo que no comprendo, todo lo que no sé manejar y no sé procesar, te lo entrego completamente a ti. Y te pido que abras mi consciencia y mi mente para que despiertes mi creatividad y me ayudes a conectar con esa mente cósmica y que esa mente cósmica, sea la que me muestre el camino, la ruta para encontrar aquello que deseo encontrar. Que tú seas mi guía".

Es muy importante que le entregues todo a esta mente cósmica, a la mente del gran creador, para que, en la incertidumbre, se haga cargo de lo que no puedes ver, de lo que no puedes comprender y de lo que tú, en tu estado actual, no puedes resolver.

Aprender a aceptar todo lo que sucede en tu vida y abrazarlo, es el camino para dejar la resistencia. Y, ¿qué significa dejar la resistencia? Significa dejar el hábito de oponerte a lo que sucede. Si aquello que sucede, te sucede, es porque te corresponde. Entonces, dejas de oponerte y te colocas en una posición humilde. Eres capaz de resolver esto, tienes los recursos para hacerlo y vas a actuar para resolverlo, actuarás en consecuencia. Y cuando entras en ese proceso, en esa función, aparecen las respuestas y las personas, aparecen los "cómo", los mecanismos. Aparece la manera en la que puedes resolver aquello que ha sido una dificultad para ti, y que ha sido creada de forma inconsciente, ¿para qué? Pues, para aprender a sentirse poderoso y capaz; sentir que estás avanzando.

Recuerda repetir la frase de este día, durante todo el día:

"Acepto mi vida y todo lo que sucede con total gratitud".

Día 3

"Yo soy armonía, equilibrio y abundancia en todos los ámbitos de mi vida".

Espero y deseo que estés muy disciplinado en el arte de observarte y de reflexionar. Uno de los aspectos que valoro de este plan, es que puedas estar atento y despierto a esos pequeños detalles determinantes en el proceso de alcanzar la grandeza humana y la prosperidad que mereces.

Quiero hacer una reflexión acerca de un tema que para mí ha sido muy importante desde que fui consciente de ello, y se refiere a la relación interna que tengo con los seres espirituales que me guían y con la parte de mi ser, que está más evolucionada.

Tenemos una constante interacción con esta energía, con esta parte interna, más específicamente con nuestro Yo Superior, que es nuestro Cristo interno o el Buda interno (si así quieres llamarlo). El Cristo o el Buda interno, es ese nivel de conciencia que ya está evolucionado y que está muy cercano a la presencia de Dios.

Lo mencionado anteriormente es real, completamente real. ¿Qué sucede en la práctica?, ¿qué sucede en el día a día? La mayoría de los seres humanos somos inconscientes de lo que te estoy compartiendo, por esta razón, desaprovechamos un poder maravilloso que habita en nosotros y es el poder del mismísimo Creador, que se puede manifestar a través de ti. No le prestas atención, no te comunicas con él y simplemente vives tu vida como si estuvieras solo a la deriva. Desde esa posibilidad, atrasas tu proceso evolutivo, la construcción de tus sueños y, por supuesto, la construcción de esa misión que vienes a cumplir.

Tienes una conciencia superior que es la intermediaria entre tu alma y la presencia de Dios. Ahora, cuando tienes la conciencia de esta presencia, de este ser Crístico, te darás cuenta de que es una voz que continuamente te acompaña. Para ti, uno de los grandes aprendizajes será discernir entre la voz de tu conciencia superior, que es la voz de ese Cristo, y la voz de tu ego, porque continuamente esas dos voces se mezclan. Ahora necesitas tomar la iniciativa, ¿de qué forma hablarás todos los días con la voz del Cristo interno? Y, ¿qué le dirás diariamente? He aquí una sugerencia:

"Hoy reconozco amado Cristo, tu presencia en mi ser. Hoy reconozco amado Cristo, que tú tienes las respuestas a todas mis preguntas. Te pido que me des la capacidad de aprender a escucharte. Te pido que me ayudes a mantener la atención la mayor parte del tiempo fija en ti. Hoy abro mi mente. Hoy abro mi corazón para poder comprenderte, para poder escucharte, para poder sentirte, para poder estar despierto a tus mensajes. Hoy te pido que me hables. Hoy deseo escucharte. Hoy anhelo escucharte. Hoy abro mi corazón, mi mente y todos mis

sentidos para ser consciente de tu presencia. Hoy te imploro que vengas a mí. Hoy te imploro que tu voz se escuche más fuerte en mi mente. Hoy te imploro que tu conciencia se manifieste en cada paso que doy. Hoy te pido que estés presente a cada instante en mi vida y me ayudes a ser consciente de tu presencia. Me ayudes a contactarte, a sentirte, a tenerte presente en cada cosa que hago. ¡Oh amado Cristo! Te abro mi corazón, te abro mi mente, te abro todo mi ser".

Es muy importante que practiquemos este diálogo todos los días, con disciplina. ¿Por qué? Porque la conciencia del Cristo interno y de la sabiduría divina, están en ti, te pertenecen y son una expresión del amor. He tenido experiencias increíbles, el privilegio y el honor de ver cómo las personas, en procesos de hipnosis, hacen contacto con esa voz, que habla y expresa una sabiduría impresionante. He tenido conversaciones con personas que desarrollaron el don (que nacieron con él), de comunicarse con la sabiduría interior, ellas siempre comienzan con una frase: *"los amamos infinitamente"* o *"te amo infinitamente"*. Es impresionante entender el amor y la sabiduría que hay en estos mensajes, y todo lo que se despliega estando allí. He sido consciente y presente.

Te voy a contar una anécdota. Mi hijo mayor Daniel, cuando estaba estudiando hipnosis, en una de las prácticas, comenzó a expresar esta voz. Daniel es un joven con mucha sabiduría, pero se notaba que no era él quien hablaba; las cosas que expresaba, lo que decía, claramente provenían de esa fuente. Incluso, en algunas sesiones de hipnosis que tanto él como yo hemos realizado, las personas de forma espontánea han creado esa conexión y han transmitido la sabiduría de su ser interno. Y, te tengo esta noticia: ya no es un sueño que puedas conectar con esa fuente. Es algo real, tangible y te corresponde hacer lo necesario para que la fuente de sabiduría se manifieste a través de ti. Así como lo hacen quienes que son sensibles al escuchar y ver cosas, lo podemos hacer las personas que no tenemos ese mayor nivel de sensibilidad. Esto es posible, si somos lo suficientemente disciplinados en las prácticas correspondientes para poder lograrlo.

Lo he visto y escuchado, he estado presente cuando esta voz se ha manifestado y me he maravillado de la sabiduría de la que se puede aprender. Ya no es privilegio de unas cuantas personas que digan "tengo un don". Tú también puedes desarrollar este don, y por este motivo, te compartí, en páginas anteriores, una oración al Cristo interior.

Te preguntarás por qué incluyo este tema en *El gran reto de los 21 días*. Lo incluyo, porque éste no es uno de los retos que la gente comúnmente hace para conseguir dinero, bajar de peso o adquirir hábitos de disciplina. Esto va mucho más allá. Este plan conduce a una conexión espiritual tan profunda, poderosa y potente, que hará que todas las cosas que sucedan afuera en tu experiencia, serán el resultado del potencial que tú estás desarrollando internamente.

Estamos en un nivel de conciencia, donde los resultados de la vida son proporcionales a lo que somos internamente, a lo que hemos crecido y hemos logrado en esa conexión profunda con el Creador. Siempre que un ser humano busca solo la riqueza material por sus caminos, tendrá que devolverse, para darse cuenta que los triunfos, la satisfacción y los éxitos, lo dejan en un profundo vacío. Solo entonces, va a tener la plena conciencia de que la conexión espiritual y el crecimiento interno, son los que van a determinar para los resultados en la vida y no al contrario.

No es cuando te ganes la lotería que vas a ayudar a las personas, es cuando crezcas internamente que Dios, por cualquier medio, te va a dar los recursos necesarios. Por esta razón, necesitas avanzar en esta construcción cotidiana.

Aquí quiero ser reiterativo, por favor, ¡haz la labor!, recita la oración al Cristo interior. Háblale y dile: aquí estoy, abro mi corazón; díselo todos los días para que la voz de tu ego, esa voz que funciona en piloto automático y que se repite en tu cabeza, comience a disiparse gradualmente, a medida que la voz del Cristo en tu ser, se expresa y se manifiesta de una forma más evidente, más consciente.

Eres parte de un universo extraordinario en el que abundan las posibilidades; estás construyendo la grandeza de tu ser en la medida en que descubres la grandeza del universo. Es por esto que necesitas abrir tu mente y dejar de pensar en doctrinas que limitan la capacidad de expandir tu alma. Ninguno de los maestros que vino a la tierra desde hace eones, tenía limitaciones doctrinales para expandir su alma. Ellos lograron la expansión de su alma, la conexión, la iluminación y su cristificación, a través del conducto interno, que en la tradición cristiana se llama: Espíritu Santo.

Sí, este conducto es esa voluntad que tienes para estar en contacto permanente con la divinidad y poder decirle: *"Aquí estoy Padre"*. Comienza a conversar con Él, habla en silencio, mentalmente o en voz alta y dile:

"Abro mi corazón para encontrar la respuesta a esto, quiero que me ayudes a desbloquear esta situación que ya cumplió su ciclo. Deseo que me ayudes a abrir las puertas para entender cómo voy a encontrar el camino para alcanzar esta meta, para alcanzar este objetivo, para mejorar mis relaciones. ¿A quién tengo que llamar? ¿Qué tengo que hacer? ¿Qué palabras tengo que decir? Ilumíname, muéstramelo en un sueño, muéstramelo en la página de un libro, muéstramelo a través de las palabras de alguien que llegue a mi vida. Muéstramelo en algún mensaje mientras voy caminando por la calle. Muéstrame la respuesta".

Esta conversación continua y cotidiana, es la que hace que te enfoques en el lugar donde debes enfocarte y es lo que te va a permitir conectarte con el proceso, con el propósito. Quiero darte también estas frases para que repitas, la que más resuene contigo, durante todo el día:

- ***"Hoy yo abro mi mente y mi corazón para que la sabiduría del Eterno se manifieste a través de mí".***
- ***"Hoy yo abro mi mente y mi corazón para la causa, para que la sabiduría de Dios se manifieste a través de mí".***
- ***"Hoy yo abro mi mente y mi corazón para que la sabiduría del universo se manifieste a través de mí".***

Día 4

"Estoy abierto a los cambios en mi vida. fluyo en la certeza y confianza que siempre estaré bien".

Ya sabes que es vital que tengas un contacto íntimo con tu Cristo interior. Fortalécelo todos los días, mañana y noche, procura estar la mayor cantidad del tiempo en alerta para poder conectar, sentir, hablar y ver los mensajes que vienen. Quiero darte una pista, por ejemplo, revisa qué cosas te quitan la paz y cuáles te molestan, porque la voz del Cristo habla a través de esas cosas repetitivas que te molestan.

Ya sea la actitud de una persona, el ruido de los pájaros en la mañana, el clima, o lo que sea que te moleste, céntrate en el momento cuando comiences a molestarte, a juzgar y a criticar, entonces di: *"Amado Cristo, pido que me des la sabiduría necesaria para comprender esto, para no sentir esta molestia, para sentir amor y para transformarlo en el amor".* Hay una gran clave y es que cuando dejas de sentir esa molestia y te das el permiso de experimentar lo opuesto que es el amor, de forma automática aquello que te saca de tu centro y equilibrio, comienza a transformarse. Y es allí cuando superas las pruebas.

Ahora, quiero llevar esta práctica a un nivel más profundo y que conscientemente hables con el Cristo, para que tome posesión de tus emociones y sentimientos, porque necesitas llegar al punto de ser el dueño de los mismos y así, dejen de ser reactivos y puedas manejarlos. Esto no quiere decir que dejes de sentir o que te vuelvas una persona fría, indolente, que no expresa lo que hay dentro de sí. Todo lo contrario. Que cuando expreses el amor, lo hagas en plena conciencia por tu iniciativa. Cuando expreses el enojo, lo manifiestes desde tu conciencia e iniciativa y no de forma reactiva. Aquí está la gran diferencia.

Tú puedes expresar el amor y decir: "quiero que sepas que te amo, quiero que sepas que te honro", manifestar cariño y ternura. Sí, pero ¿qué pasa cuando la persona no te corresponde o no te ganas su cariño? Serás igual, seguirás siendo tierno y cariñoso, aunque la otra persona no lo sea; vas a respetar el espacio del otro. Si alguien no quiere recibir tu afecto, la intención es que logres expresar las cosas, aunque las circunstancias no sean las apropiadas. Es decir, que por tu iniciativa seas ese amor, que tengas la iniciativa de ser siempre luz.

Observa este ejemplo que aprendí del gran maestro Gerardo Schmedling:

Si tienes un minimercado y llega una persona que te dice:

– Buenos días, señor ¿cómo está? ¿Cómo amanece? ¿Cómo está su familia? ¿Cómo están sus hijos? Qué bonito día hace ¡Qué bonito tiene su negocio! Cuénteme, ¿tiene arroz?
– Sí señor, tengo arroz.

– ¿Cuánto vale el arroz?
– Vale tanto.

¿Cómo tratarías a una persona que te habla así? Yo sé que la respuesta inevitable, es que lo tratarías bien, porque es una persona que se gana nuestra comprensión, respeto y afecto al tratarnos de esa forma.

Ahora la pregunta es, qué sucedería si llega una persona y dice:
– ¡¿Hay arroz?! Pero rápido, que me tengo que ir. Aquí huele mal, ustedes son lentos y perezosos.
¿Cómo tratarías a una persona que te habla en ese tono? ¿Cómo tratarías a una persona que te habla así? Aquí viene la gran respuesta que tú debes dar y que está vinculada a lo que muchos dirían: *"no, pues yo lo trato igual de mal. Yo me defiendo, yo lo ataco, yo lo agredo"*. Esa es la conciencia reactiva y de lo único que habla, es de aquella persona que responde reactivamente a la agresión del otro, porque dentro de sí solo habita la agresión. Si dentro de ti habita la agresión, eso es lo único que tienes para ofrecer.

Pero si tú, a una persona que no es amorosa ni respetuosa, la tratas igual con respeto y con amor, quiere decir que dentro de ti ya habita el amor. No es una cuestión de reactividad, no estás condicionado por las situaciones externas y no eres sujeto de las emociones externas como el clima, o lo que otros quieren hacer de ti.
Si eliges conscientemente lo que quieres ser, te invito a que elijas ser amor, en tu elección consciente entregarás amor, porque es lo único que habita en ti. Y aunque a veces haya rabia,

tengas ganas de ahorcar a esa persona o haya reactividad, te llenarás de la conciencia del amor y vas a decir *"yo respondo con amor a todos los desafíos que la vida me presenta y triunfo sobre cada uno de ellos"*.

Ahora bien, a la luz de lo que acabo de compartirte, quiero pedirte que por favor te relajes y comiences un proceso muy importante: reconciliarte contigo mismo por los errores que cometiste, por aquello que consideras no estás orgulloso, por eso que te hace sentir avergonzado. Comienza a respirar y visualiza, como en una pantalla de cine, que vas a ese momento de tu historia, observa los momentos cuando reaccionaste de forma airada, esos momentos en los que perdiste tu paz, cuando te desconectaste con la fuente de amor que tú eres. Respira profundo y, mientras observas esa pantalla de cine, mentalmente comenzarás a reconocer:

"Hice lo mejor que podía con lo que tenía. Este evento, esta situación, aunque se salió de control, tenía que vivirla así, para aprender a reconocer que, en ese lado de la rabia, de la reactividad, del resentimiento, no hay absolutamente nada que me corresponda a mí". Al conocer la oscuridad aprendes a apreciar de verdad y la luz. Ahora, de nuevo inhala profundamente y di:

"Yo me perdono totalmente por cada reacción que tuve en mi historia. Hoy me perdono por cada persona que herí. Hoy me perdono por haber causado dolor a esos seres que a lo mejor

no se lo merecían. Hoy me perdono porque reconozco que mi transformación, es parte de ver mi historia y de aceptar que fue perfecto, tal como me tocó vivirlo. Hoy estoy en paz".

En este momento, vas a visualizar a todas esas personas a quienes causaste dolor. Aquí te doy una idea, este es un pensamiento que, aunque te parezca difícil aceptarlo, es importante que comiences a interiorizarlo.

"Hoy reconozco que las personas que vinieron a mí, por Ley de Correspondencia, necesitaban vivir lo que vivieron a mi lado. Y no es para justificarme, solamente para reconocer el escenario completo. Que cuando fui verdugo, también estaba haciendo parte de una labor en la cual todos comenzamos a sanar. Por lo tanto, hoy yo me perdono totalmente. Por lo tanto, hoy yo renuncio al juicio que he hecho de mí, por todos los errores que he cometido. Por lo tanto, hoy yo reconozco que soy vulnerable, vulnerable al error, y que está bien errar. Porque al estar en paz con el error, estoy en paz con aquello que no puedo controlar. Hoy suelto mi necesidad de juzgarme, hoy suelto total y completamente cualquier crítica que haya hecho de mí, hoy reconozco que soy un aprendiz y a partir de hoy me comprometo con humildad a verme así y a ver a todas las personas que me encuentre en mi camino así. Reconozco que, aunque me haya equivocado, me amo. Hoy acepto que, aunque tenga miedo, me amo. Hoy acepto que, aunque no sepa qué hacer,

me voy a seguir amando. Hoy estoy en paz con mi historia, con mi presente y con mi futuro".

Respira profundamente, puedes suavemente sacudir las manos y mover los pies, que esos residuos de la energía de la culpa salgan de tus extremidades, visualiza cómo te dejan esos residuos para no volver a regresar.

Acabas de realizar algo que es muy importante hacer al inicio del plan, porque necesitas prepararte para construir tus sueños y no puedes construir sueños grandiosos si tienes la carga de tus errores encima. No puedes volar así, teniendo el peso de los juicios que haces, a causa de tu vulnerabilidad, incompetencia, egoísmo o inmadurez. Todos hemos cometido errores por inmadurez, por esto mismo, estamos obligados a perdonarnos y a aceptar que fue un paso necesario en nuestro proceso. Si sucedió fue necesario, porque cuando puedes ver la oscuridad, entonces puedes reconocer la luz.

Te recomiendo que grabes este ejercicio con tu voz, para que puedas hacerlo posteriormente con los ojos cerrados y visualizando, puedes repetirlo varias veces, si lo consideras necesario durante varios días.

Puedes aprender a perdonarte cuando has visto las dos caras de la moneda. Cuando vas al extremo y ves la oscuridad, entonces aprendes a apreciar la luz, aprendes a honrar y a reconocer todo a tu alrededor. Así que, a partir de hoy, la propuesta es que responderás con amor a cada uno de los desafíos que la vida te presente y vas a triunfar sobre ellos, porque el amor es la última respuesta. El amor es el Alfa y el Omega, el principio y el fin, y todo lo que sucede, es para que los seres humanos regresemos al amor.

Día 5

"Hoy renuncio y suelto todo aquello que no me permite ser mi mejor versión".

Estás en una época en la que la vida te exige ir más rápido, avanzar, pero para avanzar e ir más lejos, tienes que ir cada vez más profundo. "Hacia adentro es hacia adelante", recuerda siempre esto. Entre más avances hacia adentro, entre más aprendes a observarte, a observar los bloqueos, los obstáculos y el autosaboteo que te pones, puedes avanzar más, crecer más y expandirte más. Como resultado, la vida se va convirtiendo en ese proceso en el que reconoces tu grandeza.

Ayer viviste un proceso muy bonito de reconocer las conductas reactivas y perdonarte por ellas. Esto es fundamental, aprender a aquietar tu reactividad y darte cuenta de que la herramienta correcta no es necesariamente la que siempre has pensado: gritar, atacar, agredir o tal vez esconderte y hacerte el loco frente a la situación. La respuesta que ahora puedes darle al mundo, debe ser proporcional a la sabiduría que has desarrollado en tu interior. Esa sabiduría implica aprender a detenerte, sentir qué está pasando, hacerte preguntas en el proceso y decidir cuál es la mejor respuesta que puedes dar y no permitir que la mente de manera descontrolada agreda o responda en su forma habitual.

Debes detenerte, mirar en tu interior y hacer la pregunta adecuada, en muchas ocasiones fuiste el verdugo de alguien y también has sido víctima, y esto tiene que ver con el tema de hoy: el perdón. Porque cuando has sido víctima la herida queda en ti y esa herida comienza a manifestarse, repitiéndose una y otra vez, haciéndote sentir mal cada día. Y pueden haber pasado años, décadas después de haber vivido una situación dolorosa, y en tu mente inconsciente esa situación dolorosa permanece intacta, como si hubiera sido ayer.

No sé si te ha pasado que ante determinado tono de voz de alguna persona, un sonido específico, algo que ves o cierto estímulo, inmediatamente tu estómago reacciona y comienzas a sentir esas mariposas, que ya no son de enamoramiento, sino de miedo frente a una situación. No importa cuánto tiempo haya pasado, porque estás anclado neurológicamente a un proceso que viviste hace tal vez décadas. Entonces, necesitas aprender a reconocer y dejar de darle la espalda a aquello que te ha causado dolor. Por esta gran razón, te invito a que aprendas a perdonar.

Hablaré del perdón porque es indispensable. Imagina que ahorraste para comprar un yate y el día que vas a estrenarlo, enciendes los motores, presionas el acelerador y el yate no arranca. Insistes, y después de agotar el combustible, con mucha frustración te bajas y te das cuenta de que el motor se fundió porque el yate estaba amarrado al muelle y era imposible que avanzara.

Asimismo, si no aprendes a perdonar, a soltar incluso los detalles más dolorosos o pequeños, el destino, la misión y el éxito que estás esperando, que quieres construir a través de la carta que escribas, será muy difícil que se materialice. ¿Por qué? Porque el resentimiento te estanca, la ausencia de perdón paraliza a las personas y, a veces nos preparamos, hacemos lo mejor que podemos, pero si no hemos declarado ese perdón a esas personas, si no hemos perdonado en nuestro corazón, en nuestra mente y en todo nuestro ser, esa ausencia de perdón se convierte en el principal obstáculo que nos impide ir más allá de los límites que la vida nos pone. Por eso hoy quiero decirte que perdonar es obligatorio. Porque, aunque tú no estés de acuerdo con lo que ha sucedido, puedes perdonar.

Perdonar no significa estar de acuerdo con lo que te pasó o ser el mejor amigo de la persona que te hizo algún daño. Perdonar es un regalo que te das a ti mismo cuando aceptas que eres más grande que eso que sucedió, ese es el significado del perdón. Cuando perdonas dices *"Yo soy más grande que esto que pasó"*. Ese es el verdadero significado. Cuando dices que eres más grande que aquello que sucedió, en otras palabras, estás diciendo:

"Hoy yo dejo atrás esto que me causó dolor. Dejo atrás esta experiencia, dejo atrás este peso, dejo atrás esta carga. Yo suelto definitivamente esto que me ha causado dolor y lo suelto en función de mi capacidad de reconstruir mi vida y de demostrarme a mí

mismo que no voy a permitir que mi esencia y mi alma sean pisoteadas, que no voy a permitir que la grandeza de mi ser se vea disminuida ante las situaciones que me han causado dolor, y que voy a utilizar esas situaciones que me han causado dolor como el pedestal o la escalera en la que voy a pararme para demostrarme a mí mismo y como proyección al mundo, la grandeza del ser que soy".

Cuando perdonas no quiere decir que tienes que reconciliarte con la persona que te agredió. Lo que harás será soltar, soltar el peso y dejar atrás lo que te ha causado tanto dolor, tanta rabia. Suéltalo, déjalo atrás y cada vez que te mires al espejo, cuando recuerdes lo sucedido, cierra los ojos y di: *"a partir de hoy yo declaro que perdono y suelto esta situación"*.

Perdón significa: máximo don. Dar y ofrecer ese don a las personas que te han causado dolor, que tal vez lo hicieron involuntariamente, pero que, en tu interpretación de víctima, lo observaste como una agresión. De esta manera, el dolor comienza a soltarse, a abandonar tu cuerpo y te vas dando cuenta de que comienzas a escuchar cosas que antes no escuchabas, a ver situaciones que antes no veías y a experimentar emociones que antes no sentías. Comienzas a expandir tu visión de ti y del mundo.

Recuerda, no importa lo trivial o doloroso que te parezca, cada vez que perdonas lo haces por ti. La meta es aprender a recordar sin dolor y olvidar aquello que dicen, que "el único que perdona es Dios", porque es falso. El perdón es para los seres humanos y les corresponde a los seres humanos. Dios no perdona porque Dios jamás se ha enojado. Dios está más allá de las creencias humanas, de los conceptos humanos y de las emociones humanas, y para que haya un perdón, tiene que haber un resentimiento o un juicio acerca de algo que fue bueno o malo. Dios no nos juzga, es solo amor y reconoce que somos niños.

Es como si tú tienes un bebé y el bebé ensucia su ropa comiéndose la papilla. ¿Te vas a enojar con el bebé? ¿Vas a cargar un resentimiento? Por supuesto que no. Eso somos nosotros para Dios, unos bebés en proceso de aprendizaje, apenas en la fase embrionaria esperando salir del capullo… debemos entender que somos aprendices y en este proceso, de manera casi que obligada, cometeremos errores. Teniendo en cuenta que somos aprendices, es preciso que dispongamos nuestro corazón para aprender a perdonar.

A continuación, te entrego la siguiente meditación, y para que puedas realizarla también te sugiero, como en la meditación anterior, que la grabes con tu voz, para que la practiques posteriormente con los ojos cerrados en un lugar cómodo para ti:

Comienza a respirar lenta, suave y profundamente y mientras respiras, quiero pedirte que te des el permiso de soltar, incluso aquello que habías dicho que jamás ibas a perdonar.

Mientras estás allí visualizando y sintiendo cómo tu cuerpo se relaja lentamente, quiero pedirte que por favor visualices que estás en un lugar que te guste mucho y en el que sientes mucha paz.

Escoge a tres, cuatro o cinco personas de tu historia y mentalmente observa que esas personas son las protagonistas de tu vida, de tu historia: padres, parejas, jefes; personas que te han dejado una marca dolorosa que fragmentó tu alma al sentir rabia y resentimiento hacia ellos. O tal vez sea una persona a la que jamás le viste la cara, que en la calle te robó o que asesinó a algún ser amado.

Ahora observa que esas personas se paran frente a ti y, mientras los observas de manera neutra, respira profundo, muy profundo, y deja que el aire salga. Mientras sale el aire, sale tu dolor. Sale la carga que estás llevando allí, sale ese peso, sale completamente… inhalas nuevamente y exhalas, mientras observas a estas personas. Quiero pedirte que sueltes cualquier sentimiento que estés generando hacia ellos. Suelta la rabia, suelta el dolor. Suelta haberlos juzgado. Estas personas cumplieron un rol en tu historia y por un momento se convirtieron en tus verdugos para darte un regalo, el regalo de colocarte por encima del dolor, porque ese es uno de los grandes misterios de la vida.

El dolor viene a tu vida para que te hagas más grande que él, te pares encima y con mucha alegría, y humildad en tu corazón disfrutes de la victoria de haber triunfado sobre el dolor.

Ahora, observarás a esas personas y mientras las miras a los ojos, quiero pedirte que digas:

"Hoy he venido a decirles que honro las historias y la razón por la cual nos cruzamos en esta vida. Hoy he venido a decirles que conscientemente renuncio a sentirme una víctima de ustedes. Hoy asumo total y completamente la responsabilidad de las elecciones de vida que hice y dejo de culparlos por lo que me tocó vivir junto a ustedes. Por lo tanto, en pleno uso de mi conciencia, hoy los perdono y también me perdono a mí mismo (a) por haber sentido resentimiento hacia ustedes y por desperdiciar mi preciosa luz con cualquier crítica o juicio que haya hecho hacia ustedes. A partir de hoy yo soy más grande que esta historia que nos ha unido en esta vida. A partir de hoy me sobrepongo a esta experiencia y los suelto totalmente. Los perdono, les agradezco, los libero de mi juicio, hoy y por siempre y bendigo su luz que también es mi luz".

Ahora, observa cómo estas personas aceptan totalmente tus palabras y mientras ellos aceptan tus palabras, vas a sentir cómo sale de ti toda la carga, todo el dolor y sientes la ligereza en tu cuerpo, sientes paz.

Quiero pedirte que respires profundo y visualices cómo esas personas, una a una, se van desvaneciendo frente a ti, a tu propio ritmo.

Ahora, con las emociones liberadas, si sientes que te falta algo por llorar, deja salir el llanto, permite que fluya, porque al dejarlo salir sale la energía que ha estado enquistada dentro de ti, porque, de no hacerlo, puede convertirse en alguna enfermedad. Permitir que la emoción y la energía salgan, es lo más sano y necesario dentro de tu proceso.

Esta es la frase del día:
"Hoy yo soy capaz de soltar toda atadura y todo resentimiento que no me haya permitido avanzar y prosperar". Repetirás esta frase cada vez que sea necesario, cada vez que te acuerdes de un hecho doloroso o de algo que te ha causado un impacto, aquello que ha dejado una marca; te garantizo que el acto de soltar traerá liviandad a tu alma y apertura a tu mente, para que puedas ver lo que antes no veías. Para que tu visión interna se expanda y tu ser florezca.

Día 6

"Atraigo a mi vida aquello que necesito para el plan perfecto de mi alma".

Después de que has soltado, te has perdonado y perdonado a otras personas, después de que has hecho el compromiso firme de cambiar la forma de ver las cosas, hoy trabajarás el ingrediente esencial para alcanzar el éxito en cualquier empresa o en cualquier tipo de propósito. Este componente, es lo que hace que haya personas que conservan un estándar de vida muy alto y no solamente en el terreno de las posesiones, también en su calidad de vida, en el amor, es decir, todo aquello que queremos vivir en la experiencia humana. El ingrediente es: la disciplina, que es un punto focal y es el tema que abordaremos en este día, esencialmente, porque la disciplina es la clave secreta para que todos los sueños florezcan. No hay casi nada que la disciplina no pueda lograr, no hay casi nada que la disciplina no pueda llevar a cabo.

Existen cientos de historias asombrosas e inspiradoras de personas que han nacido con problemas físicos muy fuertes. Por ejemplo, revisen la historia del Gran Michael Melamed, este hombre es un ser humano hecho de disciplina y es una persona que nos muestra a través de la disciplina, cómo se pueden lograr cosas grandiosas, aun cuando su cuerpo no funciona normalmente.

La disciplina está siempre detrás del éxito de cualquier persona, porque todo aquello que merece ser logrado, tiene detrás algo que se llama *momentum*. El *momentum* lo defino desde el punto de vista espiritual, como la acumulación de repeticiones de forma sistemática diaria. Para cualquier ser humano el éxito está allí, en la repetición.

Si has pensado esto acerca de ti: *"yo soy muy creativo, soy una persona que tiene la capacidad de ver cosas, de hacer cosas… pero me falta disciplina"*. A lo mejor tenemos un chispazo, comenzamos algo y lo dejamos al poco tiempo. Perdemos la fe, la esperanza o simplemente nos ocupamos en tantas cosas que la vida nos coloca al frente, que nos exigen continuamente disciplina. Te traigo este tema porque es algo que me ha sucedido a mí y a muchísimas personas.

Ahora ¿Por qué razón nos pasa lo que nos pasa? ¿Por qué razón soltamos las cosas? La respuesta tiene varios orígenes. Uno de los orígenes es que tal vez aprendimos en un proceso de desarrollo emocional y mental, que no somos lo suficientemente valiosos.

Usualmente me encuentro a esa persona que se coloca en último lugar, porque siempre hay alguien o algo primero: mis hijos, mi mamá, mi papá, la sociedad, la gente necesitada, y yo estoy al final. Estás olvidando que primero debes mirarte, para poder ofrecerle al mundo y a la vida un servicio diferente, un servicio superior. Necesitas obligatoriamente esto: aprender a mirarte distinto y aprender a mirarte a ti mismo. En la mayoría de los casos, cuando colocas a los demás en primer lugar, lo haces para evadir la responsabilidad que tienes contigo mismo de hacerte cargo de tu dolor, de tus sueños, de tus esperanzas, porque ayudando a otros, la vida es más fácil.

Otra razón de la falta de disciplina es que aprendiste a sentir que no eres valioso. Probablemente escuchaste de los mayores, frases como: *"cállese, que los adultos van a hablar y no tiene derecho a hablar. Usted no sirve para nada. Usted no me ayuda en nada, usted siempre está pidiendo y no aporta nada".*

Ese tipo de discurso o frases que te dijeron durante tu infancia, también influyen muchísimo en la actitud hacia ti mismo y en la capacidad de asumir la disciplina como una herramienta, un medio o una forma de honrar la vida, a través de sentirte valioso, conocerte, amarte… aprender a apreciarte. Interiorizar la disciplina implica muchos cambios que se reflejan en resultados. Por ejemplo, es muy rico tener la casa ordenada, los espacios limpios, que si te vas en el auto tienes la gasolina suficiente, si vas a hacer alguna diligencia tienes dinero, todas tus deudas están cubiertas o no tienes deudas, todos tus asuntos económicos y legales están previstos. La disciplina te regala esta tranquilidad, ¿por qué? Porque en un hogar ordenado hay una mente ordenada, una mente ordenada tiene un hogar ordenado, y ese orden, genera paz y ahorro de energía para optimizar otras posibilidades.

La disciplina, o la ausencia de ella, también tiene otra fuente, una que proviene de un quiebre, es decir, un evento traumático en el que lo diste todo: hiciste un dibujo y a papá le pareció feo; hiciste algo y nadie lo miró, no le dieron importancia. Aprendiste en ese momento traumático que no eres lo suficientemente valioso y renuncias a seguir esforzándote; tuviste una competencia de carreras en tu colegio y llegaste de último, como me pasó a mí cuando era niño, que llegué de último y me di cuenta de que era un completo inútil para las carreras, entonces, como aprendí que era inútil, no lo volví a intentar.

¿Cuántas situaciones pueden haber pasado en tu historia? ¿Decides o decidiste inconscientemente no seguir intentando? La disciplina nunca se va a curar por arte de magia, la disciplina es el resultado de haber perdonado ese momento histórico, evento o persona que te maltrató y haberte perdonado a ti mismo por creer que ese fracaso te correspondía para el resto de tu vida.

Por eso es muy importante que dejes de ver la disciplina como algo súper difícil. La disciplina, de hecho, es una de las cosas más sencillas que puedes comenzar a desarrollar como competencia. ¿Cómo comenzar a generar el hábito de la disciplina? Ten en cuenta que todos los procesos son graduales, puedes comenzar con lo poco, por ejemplo, no te atiborres de actividades, escoge una, dos o tres actividades y realízalas. Así como todos los días haces el alimento para comer, todos los días tienes que bañarte "para que no apestes".

Asimismo, puedes escoger: *"Hoy voy a hacer diez flexiones de pecho. Hoy voy a hacer mis oraciones a tal hora. Voy a hacer mi meditación a cierta hora. Si hoy voy a dejar de comer azúcar, mañana y pasado mañana, también lo hago"*. El triunfo está en las pequeñas decisiones diarias, en aquellas pequeñas acciones, por mínimas que sean, si son diarias y consistentes, estás triunfando, estás adquiriendo el hábito de la disciplina.

¿Cuántas personas desperdician su tiempo y su energía viendo información en las redes sociales, viendo películas y leyendo información agobiante de los noticieros? ¿Cuánta energía desperdicias en esta práctica cuando podrías utilizar las mismas redes sociales para acceder a información de valor? Podríamos buscar información valiosa en YouTube y dedicarle 10 minutos al día a escuchar un solo vídeo. Un video que eleve tu alma o que mejore tu estado de ánimo.

La disciplina es simplemente el momento presente, el aquí y el ahora. Yo tenía ganas de comerme un pan y en lugar de comerlo, lo reemplacé por un vaso de agua. Entonces me siento orgulloso, me siento feliz porque logré mantener el récord que tengo de meses y meses sin comer carbohidratos y azúcar. Es solamente un poquito, un poquito cada vez.

Día 7

"Creo en mí y en la capacidad que tengo de realizar mis sueños".

Hablamos de la disciplina y la disciplina, como les dije, es el Alfa y el Omega de todas las realizaciones. Pero hay una palabra que tal vez es la hermana gemela de la disciplina y es el compromiso. Tu compromiso es un factor fundamental e importantísimo en este proceso. Aprender a comprometernos, es entregarnos, tener objetivos claros y específicos, y trabajar por ellos día a día. Comprometernos en eso que queremos, junto a la disciplina, hace que podamos tener una mejor calidad de vida y obviamente, mejor calidad en los resultados. El compromiso es lo que hace que nosotros podamos salir avante en cualquier circunstancia.

El compromiso tiene varias claves. Una de las claves del compromiso es la organización y ella requiere que aprendamos a tener una estructura, a llevar una agenda.

Quiero compartirles esto porque para mí hasta el año 2009, 2010 aproximadamente, aunque me empezó a ir bien y hacía cosas importantes, no fue sino hasta que comencé a tener una agenda y comencé a planificar a corto, mediano y largo plazo mis actividades, que reafirmé las bases de una estructura de trabajo concreta y coherente. Esta fue una etapa estupenda, pude vivir los resultados. Comencé con el proceso de planificar un piloto de diplomado que hicimos en Caracas, no recuerdo la fecha exacta, año 2011 o 2012 tal vez. En ese piloto me vi obligado a planificar mensualmente los encuentros con un grupo maravilloso de personas. Ese piloto en el que hacíamos ejercicios, nos encontrábamos y compartía información valiosa, me ayudó mucho a construir los cimientos de lo que es hoy en día el diplomado que, durante 7 años, hicimos en Venezuela de forma presencial.

Mi vida cambió de una forma muy bonita y logramos hacerlo en muchas ciudades y formar a más de 600 personas en el área del coaching. Aun lo seguimos haciendo de forma virtual. El compromiso de cumplir con cada una de esas fechas para mí es fundamental. La organización es un eslabón importante dentro del proceso de adquirir un compromiso real. La organización implica llegar a la hora exacta y cumplir con todas las acciones consignadas en una agenda, recuerden siempre esto: la calidad de vida depende de la optimización de los recursos físicos y de los recursos mentales con los que manejas absolutamente todo en tu vida. Es importante que aprendas a normalizar el estado de paz y equilibrio que trae como resultado, tener todos tus asuntos al día.

En la actualidad tenemos una herramienta tecnológica que para mí es fundamental: el teléfono. En este dispositivo yo agendo absolutamente todo: los horarios en los que voy a atender a mis clientes, el tiempo libre que tengo para disfrutar con mi familia, el tiempo que le voy a dedicar a alguna diligencia. Todo lo tengo perfectamente anotado, porque esto me da orden y planificación, me trae paz, equilibrio y no tengo que estar pensando: "ah, olvidé esta diligencia o aquella…". Gracias a la organización, me permito fluir y manejar algún tipo de inconveniente, o asunto de última hora que surja. Por esta razón, es fundamental la organización, porque es un elemento del compromiso.

Otro elemento importante del compromiso es la puntualidad. Ser puntuales, es ser coherentes y respetuosos, es entregarnos en cada compromiso que establezcamos; dejar la actitud irresponsable de decir "ah, es que todos llegan tarde y yo también llego tarde", no podemos caer en esa generalidad; necesitamos vibrar en la sintonía de las personas excelentes, extraordinarias y comprometidas.

Otro valor que contribuye a crear disciplina y compromiso, es aprender a cumplir las promesas; es una gran muestra de respeto por ti y por los demás. No podemos dejar a alguien "en azul" y despreocuparnos. No, la promesa que tú hagas, cúmplela; y si no puedes cumplirla, habla con esa persona y dile, por ejemplo: *"mira, no puedo cumplir esta promesa que te hice. Por esta razón, negociemos"*. Pero no te mientas a ti mismo y no le mientas a la otra persona. El compromiso es fundamental y cumplir promesas, hace que tú seas una persona respetable y realmente confiable.

Y una persona confiable, es el tipo de persona con la que queremos hacer negocios; es a quien le encargamos cosas importantes, con quien queremos avanzar y claro está, con quien nos vamos a comprometer. Es alguien que va a demostrar su integridad con hechos concretos en su vida y no con palabras, es alguien que muestra resultados.

Es muy fácil hablar y decir cosas bonitas, pararse frente a una cámara y dar un discurso elocuente, eso es realmente fácil; el desafío está en que, lo que se dice y lo que se hace sea coherente y la coherencia se ve en los resultados, eso es lo que marca la diferencia entre una persona y otra.

Los resultados son el gran termómetro que mide la coherencia de una persona, y la coherencia la mide su capacidad de ser confiable y de cumplir con las promesas que ha hecho. Este es el mapa del éxito que acabo de trazar. Así las cosas, ser confiables, es fundamental.

Ser confiable es un punto importante dentro de este ámbito maravilloso de tener compromiso. Debemos ser confiables y hacer lo que necesitemos hacer, aunque las circunstancias sean adversas. La vida no es fácil, no es cómoda y siempre implica una dificultad; el éxito está pavimentado en cada uno de esos pequeños actos de dificultad que ejecutamos y que sacamos adelante. Ser confiables es el máximo regalo que podemos darnos.

Después de esta reflexión, es el momento de meditar. Te invito nuevamente, como en las ocasiones previas, para que la siguiente meditación la grabes muy despacio con tu voz, y luego la escuches usando música relajante de tu preferencia:

Busca una posición cómoda, puede ser sentado o acostado. Comienza a soltar cualquier tensión en tu cuerpo: la tensión en tus brazos, tus manos, tus pies; suelta la tensión del cuello, de los músculos del rostro... Respira profundo y relájate. Relájate y mientras te relajas, quiero pedirte por favor, que sueltes cualquier expectativa acerca de lo que vamos a hacer, suéltala... ahora te invito para que visualices que estás en el futuro, en un lugar donde quieres estar. Estás allí para cumplir tus sueños o ese sueño que tanto has anhelado.

Visualiza ese lugar, siente su olor ¿A qué huele?, ves los colores, sientes la temperatura, disfrutas totalmente estar allí. Comienza a ver las imágenes y los colores un poco más brillantes, experimenta cómo eso que tanto has soñado, comienza a hacerse realidad, se manifiesta de una forma real y tangible, visualiza y siente cómo eso que tanto has soñado ya lo estás viviendo.

Ahora, comienza a sentir en tu cuerpo, en tu mente y en tu actitud, todas aquellas virtudes que tanto soñaste tener: alegría, fuerza, poder, amor. Todas las virtudes que escribiste en tu carta: el compromiso, la paciencia, la sabiduría, la visión. Estás incorporando y manifestando cada una de esas virtudes, presta atención en cómo las personas te miran con respeto, te sonríen y si hay seres queridos allí contigo, mira sus rostros de felicidad porque saben que esa persona tan maravillosa que está allí con ellos, eres tú, lo has logrado, lo has conseguido. Eres el ser más valioso en este momento sobre la tierra, deja que tus labios dibujen una sonrisa, respira profundo y repite:

"Yo merezco esto, yo soy capaz de crearlo. Aquí y ahora es una realidad. Aquí y ahora pertenezco a este mundo. Yo lo valgo, porque yo creo, porque soy un creador y porque tengo la suficiente capacidad de expresar lo mejor de mí y lo merezco. Lo merezco intensamente. Lo merezco completamente y yo siempre hago, espero y recibo lo mejor de la vida, lo mejor de las personas y lo mejor de cada experiencia. Yo lo valgo y disfruto total y completamente la alegría de este éxito".

Siente totalmente cómo, cada segundo, en este momento maravilloso, es brillante, valioso, espectacular. Comienza a sentir que la sensación de bienestar en todo tu cuerpo, recorre tu cabeza, tu cuello, tu pecho, tu abdomen, tus caderas, llega a tus piernas y a tus pies. Manteniendo esa sensación, intensifícala, lo más alto que puedas y conservándola así, vas a regresar. Toma una respiración profunda, abre los ojos y tómate tu tiempo para disfrutar. Ahora quiero pedirte que seas muy consciente de esta sensación, porque esto es lo que vas a sentir. Si tú eres capaz de permanecer en esta frecuencia, en la sintonía con este momento maravilloso, lo vivirás en esta vida, será una realidad. Por esta razón, es muy importante que nos concentremos el día de hoy en esta frase: *"Yo estoy comprometido (a) conmigo mismo. Porque me considero la persona más valiosa en mi vida".* Este es el principio. Cuando te colocas en primer lugar, te das lo mejor y de esa forma, puedes cumplir tus sueños, puedes servir a otros, puedes darle a tu vida el significado que quieras. Esto no significa egoísmo, significa aprender a amarte. Aprender a reconocer que te mereces las cosas bonitas de la vida.

Gracias a mis viajes, he conocido lugares y he visto cosas maravillosas; y, algunas veces, llegué a sentir culpa por no estar disfrutando de esas maravillas junto a mi familia. En cierta ocasión en un restaurante en Beverly Hills, hice clic y me di cuenta de que me estaba separando del momento presente y dejé de disfrutar una experiencia hermosa. Justo en ese momento cambié de actitud y comencé a disfrutar de ese regalo de la vida. Si a ti, la vida te puso en un momento particular de disfrute, disfruta ese momento. Agradécelo, bendícelo y en la medida de lo que sea posible, puedes compartir ese éxito con otros. Es muy importante que sepas y reconozcas que tú eres la persona más importante.

Día 8

"Yo merezco vivir en abundancia y prosperidad. la riqueza es algo natural en mi vida".

Quiero darte la bienvenida a nuestro octavo día de *El gran reto de los 21 días*. Te felicito, porque llegar hasta aquí significa que tu corazón está comprometido y lo estás tomando en serio. Que lo hagas es muy importante, admiro a las personas que le dan valor a su tiempo y lo aprovechan al máximo.

¡El momento es ahora! Te he hablado del compromiso de una forma intensa y yo siento que, en el proceso de comprometernos, de conectarnos con lo mejor de nosotros, necesitamos aprender a quitar uno de los principales bloqueos que podemos llegar a tener en un momento determinado: la falta de merecimiento, que se manifiesta como esa voz interna que dice "tú no eres lo suficiente, tú no vales. Otros sí pueden, otros sí merecen, pero tú, no mereces".

El bloqueo de la falta de merecimiento, es algo que nos pasa a todos; te voy a contar algo, es muy posible que tú te sientas plenamente merecedor en un ámbito de tu vida, pero tal vez no te sientes merecedor en otro. Aquí, es muy importante que tengamos la coherencia de sentirnos y de ser merecedores en absolutamente todos y cada uno de los ámbitos de nuestra vida, porque hay personas que triunfan en lo económico, es decir, tienen dinero y posesiones, pero sacrifican sus relaciones en este proceso, y esto de alguna forma, está relacionado con que no se sienten merecedores de tener paz, calidad de vida y armonía.

En otros casos pasa todo lo contrario. Hay quienes son buenos padres, buenas personas, pero les va mal en otros ámbitos y no se sienten merecedores de prosperar; también sucede que existen los mejores seres humanos del mundo, pero salen de una enfermedad y resulta otra. Lo anterior, algunas veces tiene que ver con el merecimiento, con que "no se sienten merecedores" de conectarse con la buena salud, con lo valioso de lo que significa tener un cuerpo sano.

Mi invitación en el día octavo, es para que revises en este momento, en tu proceso sistémico de vida, en cuál de estas áreas te sientes fuerte y en cuál de estas áreas no tanto. Para que te des el permiso de comenzar a creer en ti, de comenzar a sentirte merecedor. Reflexiona y pregúntate:

- ¿En qué áreas de mi vida tengo el merecimiento en un alto nivel?
- ¿En qué área de mi vida tengo el merecimiento en un bajo nivel?
- En las de bajo nivel ¿Cómo aprendí a no sentirme merecedor en este nivel?
- ¿A quién se lo aprendí?
- ¿A quién le estoy copiando la ausencia de merecimiento en esta área?

- ¿De quién tomé el ejemplo y para qué?

Es importante que respondas estas preguntas, para que comiences a identificar si estás viviendo una vida inauténtica. ¿Qué significa vivir una vida inauténtica? Es aquella vida que no has construido por tu decisión, sino por la imposición inconsciente de aquellos que te educaron. Estás repitiendo de forma inconsciente lo que te entregaron y ni siquiera lo has cuestionado. Es decir, para ti es una ley inexorable y a lo mejor hay cosas en las que estuvieron acertados, pero hay otras cosas en las que pueden haber errado y para eso, es que nos hacemos preguntas, para poder filtrar, cuestionar y desenmarañar aquellos nudos que tengamos en nuestro interior y que no nos permiten ver en qué áreas estamos fallando.

Sentirnos merecedores es fundamental porque hace parte de la actitud con la que nos paramos frente al mundo.

Si eres comercial o eres vendedor, por ejemplo, la actitud con la que te ubicas ante el mundo es lo que va a hacer que tú puedas comprender el mercado, convencer a las personas y llevar tu oficio a un nivel elevado de desarrollo, serán tú y tu capacidad de vender, más allá de los límites. Necesitamos reconocernos en el ámbito del merecimiento para comenzar a creer en nosotros mismos y ver que el merecimiento es algo que debe estar equilibrado en todos los ámbitos de la vida.

¿Cuáles son esas respuestas que has encontrado? ¿A quién le aprendiste? Te invito para que perdones a las personas de quienes has aprendido a no merecer y escoge la creencia contraria a lo que hayas aprendido de ellos. Por ejemplo, si aprendiste que no eres valioso, que no eres lo suficiente y que hagas lo que hagas, nunca va a ser suficiente, ahora escogerás la creencia contraria: *"Haga lo que haga, siempre voy a ser suficiente y todo lo que hago me sale bien. Haga lo que haga, soy lo suficientemente valioso. Soy lo suficientemente valioso para dejar una huella de amor en el mundo y yo merezco recibir porque soy capaz de recibir".*

Esto es importante y vamos a interiorizarlo: *"Soy capaz de recibir. Soy capaz de dar lo mejor. Soy capaz de convencer al mundo de lo valioso que soy y, sobre todo, me convenzo a mí mismo de lo valioso que soy. Me siento valioso, me siento capaz, me siento útil, me siento grandioso y soy merecedor de la buena y perfecta salud de mi cuerpo. Soy merecedor de la perfecta abundancia y prosperidad. Tengo mis cuentas en el banco rebosantes de abundancia de dinero. Tengo los bolsillos llenos de miles de dólares. Tengo propiedades e inversiones que me generan una gran rentabilidad porque lo merezco. Merezco tener el carro de mis sueños. Merezco hacer el viaje de mis sueños. Merezco estar con la persona de mis sueños. Merezco ser feliz y disfrutar todas las noches, acostarme abrazando a mi pareja, disfrutando de su ternura y de su alegría".*

Esto es lo que necesitamos decirnos continuamente. Exprésate este merecimiento, eres luz, alegría, bondad y belleza, exprésalo continuamente, porque esa es la ruta que va a marcar tu actitud en frente del mundo.

Ahora vamos a la otra orilla del merecimiento: recuerda los instantes en los que, por la falta de merecimiento no te expresaste o no hiciste lo correcto en un momento en tu historia. ¿Qué hiciste? Reflexiona acerca de lo que hiciste para sabotearte en ese lugar, en ese momento de merecimiento. ¿Cuál fue la expresión? ¿Cuál fue la situación? ¿De qué forma no expresaste ese merecimiento? ¿Por qué?

Debemos descubrir de qué forma actuamos, ¿cuáles son las conductas que generamos, ¿qué respondemos?, ¿qué pensamos?, ¿nos ocultamos?, ¿reaccionamos?, ¿qué hacemos?, ¿le tenemos miedo al éxito? Es muy importante reconocer cuál es la forma en la que actuamos para que tengamos identificado cómo nos comportamos en los momentos en los que debemos hacer frente a una situación. Con este ejercicio, vamos a encontrar unas claves a las que debemos prestar atención, porque lo que estamos haciendo, es un proceso terapéutico en el que estamos descubriendo los patrones inconscientes que tal vez están afectando nuestro sistema de vita y no somos conscientes de ello.

Es el momento de meditar. Como habrás notado, cada día trae un ejercicio de meditación donde interiorizamos el tema tratado. Así como en los ejercicios anteriores, la sugerencia es que grabes esta meditación con tu voz; igualmente, léela despacio y usa la música de tu preferencia. Elige un lugar tranquilo donde sentarte y que preferiblemente no te interrumpan.

Cierra los ojos, comienza a ser consciente de tu respiración, mientras respiras suelta, como siempre, la tensión de tu cuerpo y las expectativas. Quiero pedirte que por favor visualices que te vas en un viaje al pasado y viajarás al lugar y momento, donde tú deberías o hubieras querido, comportarte de una forma diferente. Es decir, te irás al lugar que recordaste y en donde la falta de merecimiento te saboteó un momento bonito que pudo ser para ti de triunfo y de éxito; te observarás actuando como actuaste, haciendo lo que hiciste y mientras te observas, visualiza y recuerda lo que sentiste en ese momento.

Ahora, entra en esa escena, mírala y obsérvate con mucha compasión, sin juzgarte ni descalificarte. Evita decirte cualquier cosa que sea contraria a la grandeza de lo que tú eres, te vas a observar con muchísima humildad. Y, en este momento, acércate a esta imagen de ti mismo, mírate a los ojos, tómate de las manos y di: ***"Hoy he venido a decirte que, aunque te hayas equivocado te amo. Hoy he venido a decirte que, aunque sientas que no pudiste haberlo hecho diferente sé que hiciste lo mejor que podías y yo te honro, porque eso que hiciste, ese error que cometiste te ha servido para crecer como ser humano. Por eso, hoy yo te perdono completamente, por eso hoy yo te valido totalmente, por eso hoy*** *yo reconozco tu grandeza y quiero que sepas que todo llega en el momento justo, todo llega en el momento correcto y estoy seguro de que vamos a construir ese momento. Por eso te amo infinita y profundamente y a partir de hoy estoy en paz con mi historia, estoy en paz con mi vulnerabilidad. Te bendigo totalmente".*

Abrázate y siente que, en ese abrazo, te entregas todo el amor que tienes para ti. Siente cómo los juicios hacia ti mismo, esa culpa que tal vez has sentido durante tanto tiempo se va desvaneciendo. Ahora, suéltate y regresa. Toma una inhalación profunda y ese recuerdo, en este momento, está siendo sanado a tu propio ritmo y velocidad. Abre los ojos, respira profundo y, después de haber vivido esta experiencia de reconciliarte con tu historia, por no haber actuado con merecimiento, vamos a concentrarnos y a enfocarnos en la frase que nos corresponde el día de hoy:

"Yo merezco llevar mi vida más allá del umbral de mis sueños".

Esta es una frase poderosa, grande, porque eso es lo que tú te mereces, mereces la grandeza; mereces que todos tus sueños se materialicen y mereces vivir de la forma en la que Dios quiere que tú vivas.

Día 9

"Yo confío plenamente en que siempre voy a estar bien y lo que necesito saber se me revela en el momento oportuno".

Hemos trabajado el merecimiento de una forma hermosa y profunda, es trascendental en nuestra vida. Hay otro aspecto que influye para hacer llevaderas las cargas y alcanzar el estado de paz que es esencial para que podamos ir en función de nuestras metas. Este aspecto es, la expectativa. Pero, antes de ampliar en este punto, quiero hacer un paréntesis para aclarar algo, muchas personas creen que, con acumular información, su vida va a cambiar como por arte de magia, pero si no ponemos en práctica aquello que tenemos en las manos, es decir, reflexionar y hacer los cambios correspondientes, no habrá ninguna transformación, por valiosa que sea la información, si no se aplica, no pasa nada, nadie hará el trabajo por ti.

Encontrar información de valor ya no es tan complejo como en otras épocas; hoy en día, podemos acceder a ella gracias a los avances tecnológicos y es libre, está en todas partes. Lo que determinará tu capacidad de transformarte, es cómo aplicas esa información. Con lo anterior te quiero decir que, las reflexiones, meditaciones, pasos y, experiencias contenidas en este libro, *El gran reto de los 21 días*, se conviertan en parte del diario vivir. Que se convierta en carne y parte de nuestro ser y esencia.

Ahora sí entraremos con el tema de este noveno día: las expectativas. El camino del sufrimiento está pavimentado con las expectativas que nos hacemos cotidianamente. Pareciera entonces que las expectativas son la causa del sufrimiento… La respuesta es sí y no, depende de cómo tú las canalices. Por ejemplo, si vas a hacer un negocio, tienes la expectativa de que te salga bien, pero si no te sale el negocio, ¿qué haces? Pues aceptas, corriges y avanzas para obtener el resultado que quieres. Pero resulta que las expectativas tienen un factor inconsciente muy poderoso y profundo, que nos roba mucha energía.

Otro ejemplo es: *"él o ella debería saber lo que a mí me gusta"*. Esa frase encierra una expectativa respecto a tu pareja o a otras personas y se trata del "debería", que genera expectativas acerca de lo que las personas deberían ser, pensar o hacer. Con esto, estamos colocando una gran carga de posibilidades encima de una persona que tal vez ni siquiera nos conoce y de una situación de la que no tenemos ningún control, porque las personas hacen lo que pueden con lo que tienen y cada cual observa el mundo desde su perspectiva, recuerda que: *no vemos en mundo como es, vemos el mundo como somos.*

Entonces, vamos por la calle juzgando a las personas: *"este si es bruto"*, *"este lo hace el mal"*, *"este lo hace bien"*. Vamos poniendo nuestras expectativas por encima de los demás y resulta que cada cual, como dije, hace lo que puede con lo que tiene. Las personas ven el mundo desde su posibilidad y no desde la tuya, por eso, la expectativa se convierte en una esclavitud para nosotros, porque todo el tiempo estamos a la espera de que, lo que hacen los demás me debe gustar y si no me gusta, me frustro.

Modificar el factor de las expectativas en nuestra vida nos traerá paz, equilibrio y calidad de vida, porque las expectativas nos desgastan. Esto no quiere decir que vivamos sin expectativas, lo que quiere decir, es que aprendamos a no darle poder a lo que nos puede causar mal, como tener exceso de expectativas o tener las expectativas erradas sin haber hablado con la persona. Allí es donde nosotros estamos cometiendo el error.

Quiero preguntarte algo, ¿cuántas rabias has tenido en este último año, a causa de las expectativas? Cuántas expectativas estás imponiendo a tus hijos, a tu pareja, a tus padres, a tus empleados, a tus hermanos. Cuántas expectativas estas asignando a la gente de la calle que ni siquiera conoces. Cuántas expectativas estás ubicando en el mundo. Las expectativas originan muchísimos juicios.

Pero, si aprendemos a dejar de colocar tantas expectativas en las personas y aprendemos a comunicar de manera concreta y realista lo que queremos, vamos a tener un mayor nivel de efectividad en función de lo que debe hacerse. La expectativa se convierte en una carga para cualquier la relación: relaciones de pareja, con nuestros hijos, con personas allegadas. Si hay algo que deteriora las relaciones son las expectativas que depositamos sobre ellos.

En el tema de las relaciones de pareja, por ejemplo, algunas mujeres dicen: *"para amarlo tengo que admirarlo"*. Perfecto, está bien que admires a tu pareja, pero ese ser humano al que supuestamente admiras, es un ser humano. No es un super hombre, no es una super mujer. Es un ser que tiene luz y oscuridad y, si la obligas a que únicamente te esté mostrando su luz, esa persona se va a agotar de ti. ¿Por qué? Porque una persona tiene el derecho legítimo de también tener oscuridad y mostrarla, porque la mayoría de las veces, la oscuridad surge de forma inconsciente, no de manera consciente. Las expectativas que tenemos en lo íntimo de la relación con parejas y con hijos, desgasta muchísimo la convivencia. Como madres y padres cometemos con frecuencia el error de poner una carga de expectativas muy altas sobre nuestros hijos. ¿Recuerdas esa famosa frase que se decía anteriormente? *"Usted tiene que ser doctor como su papá; ser abogado como su papá; ser mecánico como su papá"*, esa frase ha ido evolucionando. En la actualidad, hay más consciencia y se escucha decir: *"hijo, usted haga lo que quiera, pero tiene que ser el mejor"*. Decirle esto a un muchacho es meterlo en una cárcel donde va a estar atrapado. Porque si el muchacho juega fútbol y se le impone que debe ser el mejor, dejará de disfrutar el fútbol; él no juega para ser el mejor, juega porque ama jugar. Y los mejores en el mundo no juegan para ser los mejores, juegan porque aman obsesivamente jugar; son dos cosas completamente distintas.

Si encima de mí tengo el peso de "ser el mejor", porque mi papá o mi mamá, me están diciendo una locura como esta, es probable que mire con resentimiento esa actividad y no la disfrute, dejará de ser placentera. Mi vida se convertirá en algo triste, y una actividad que debe ser satisfactoria, se transformará en una carga emocional, algo que rechazaré y no volveré a hacer. ¿Por qué? Porque tengo que cumplir con el requisito de "ser el mejor".

Ese es el error que cometemos durante la crianza, ponemos a nuestros hijos en la cárcel de nuestras expectativas y eso resulta doloroso. Recuerda tu posición de hijo, de hija y vivir en la cárcel de las expectativas de tus papás. Claro, resultará quien diga: *"pero gracias a que mi papá fue como fue, yo soy lo que soy"*. Perfecto, pero, ¿cuántas heridas estás cargando y no tienes conciencia de ellas?, ¿cuánto dolor has causado a los demás desde ese punto de vista inconsciente? Por esta razón, trabajar en las expectativas va a ser fundamental para nuestro proceso de liberación.

Sin embargo, las expectativas podemos abordarlas desde otro punto de vista. Les contaré mi experiencia al respecto, porque este tema tuvo cierto protagonismo en mi proceso de vida. A raíz de la cultura de la que provengo, desarrollé una tendencia a tener expectativas negativas de la vida, de las cosas, de las personas. Aunque era una tendencia muy marcada, era inconsciente y de alguna forma me afectaba. Sabía con anticipación, por ejemplo, cuándo el carro se me iba a dañar y no era porque tuviera una gran intuición, sino que con mis propias expectativas hacía que se dañara.

Desarrollé una mente cínica en mi época de adolescencia, comencé a observar la parte negativa de las cosas e hice eco de la famosa frase que sustenta las leyes de Murphy "piensa lo peor y acertarás". Pero decir esto es muy delicado, porque se convierte en una verdad y nosotros, no podemos jugar con el poder de la palabra. Tenemos que honrar la palabra como algo completamente sagrado; tomar consciencia de este hecho, fue algo que me ayudó a sanarme, me ayudó a comprender que soy un creador de la experiencia que estoy viviendo y que esa actitud negativa frente a las posibilidades de la vida, estaba precipitando las cosas negativas.

Recomiendo usar esta frase con frecuencia: *"Yo siempre hago, espero y recibo lo mejor"*. Lo ideal es repetirla todo el día. Así que, tendremos esta frase presente para que cada vez que la necesitemos, hagamos uso de ella.

Ahora estamos trabajando las expectativas en el ámbito de la relación contigo y de cómo te vinculas con los acontecimientos. La invitación que te hago ahora, es para que, si algo no sale como tú quieres, lo sueltes rápidamente en un proceso de aceptación inmediato, porque la gran fórmula para sanar nuestro sufrimiento es la aceptación. Aceptar que las cosas son como son y no como esperamos que sean.

Sin embargo, aceptar no es resignarse. Aceptar es hacerse cargo de lo que tengo control y soltar aquello que no controlo. Eso es aceptar. En cambio, resignarse es soltar toda mi capacidad de acción y no hacerme cargo de lo que tengo control. Te invito a vivir en aceptación continua. ¿Para qué? Para que no caigamos en la confrontación de negar la realidad, en la que, si algo sale mal, metemos la cabeza en la tierra como un avestruz sin hacernos cargo de lo que necesitamos transformar y cambiar. Aquí seré reiterativo, es muy importante que nos hagamos cargo de nuestra vida, aceptando lo que no podemos controlar y ocupándonos de aquello que sí podemos controlar.

¿Qué no podemos controlar?: Las personas, las circunstancias externas, el clima, y lo que acontece de manera inevitable como la muerte o algunas enfermedades.

¿De qué sí podemos hacernos cargo?: De la respuesta que le doy al mundo, de manejar la expectativa, la luz y la lucidez que son máximas virtudes de mi ser, frente a las situaciones que tengo que afrontar. Y si algo no resulta como quería, lo suelto y sigo trabajando para hacer algo mejor, para que me suceda solo lo mejor.

Vamos a meditar. Al igual que en días anteriores, grábala previamente con tu voz:

Por favor cierra tus ojos, comienza a respirar y suelta la tensión de tu cuerpo, suelta también cualquier expectativa que tengas acerca de este ejercicio y simplemente respira.

Respira profundo y suave, y si alguna vez tuviste expectativas negativas o te sentiste defraudado por otros o porque no cumplieron algunas expectativas, quiero pedirte que hoy te perdones y digas: ***"Hoy yo me perdono total y completamente por todas las expectativas que puse en otras personas y a través de estas expectativas, causé dolor y daño. Hoy, yo me perdono completamente por aquellas expectativas que no pude cumplirme. Y hoy reconozco que fue necesario lo que viví, porque estoy viviendo el resultado de lo que soy".***

Ahora, visualiza tu futuro inmediato. Visualiza que estás haciendo lo mejor de ti, dando lo mejor en todo lo que haces, en tu labor como pareja, como padre, como hijo, como profesional. Visualízate haciéndolo de una forma excelente, extraordinaria.

Repite esta frase: ***"Yo siempre hago, espero y recibo lo mejor"***. Repítela mentalmente mientras vas visualizando el brillo de tu realización, de tus acciones, de tus resultados; esos resultados positivos, aquellos que te mereces, lo que siempre has anhelado. Repítela en tu mente cada vez con mayor intensidad, hasta que lo hagas en voz alta.

Ahora repite: ***"Yo siempre hago, espero y recibo lo mejor. Soy un creador de esta realidad y disfruto totalmente de estos resultados".***

Respira profundo y cuando te sientas lista, listo, puedes regresar, puedes abrir los ojos. Prepárate para tener el mejor día de tu vida.

Te envío mi gratitud, mi bendición. Bendigo el instante en el que naciste, bendigo tus pasos, bendigo a tu descendencia, bendigo a tus progenitores, bendigo tu labor en esta tierra; bendigo cada cosa que haces, bendigo tus sueños, bendigo tu alma, bendigo tu ser, bendigo el gran honor de conocerte. Te deseo el mejor día posible.

Día 10

"Doy lo mejor de mí en cada oportunidad, soy aquello que espero recibir de la vida".

Bienvenido al décimo día de nuestro *gran reto de los 21 días*.

Hoy vamos a tocar un tema igual de trascendental e importante para convertirnos en la luz que estamos destinados a ser. Hablaremos de la confianza en función de cuatro ámbitos esenciales a desarrollar, para que nuestra vida pueda desplegarse y se acaben las excusas, para convertirnos en ese generador de prosperidad y creador de sueños.

Sabes ¿Por qué es importante dejar las excusas? Porque si lo que hemos hecho hasta ahora no ha dado el resultado que queremos, es porque hay algo que falta por aprender y algo que falta por hacer diferente; esto es, que necesitamos comprender un factor que estamos pasando por alto, en este proceso de transformación en creadores conscientes.

La confianza tiene cuatro parámetros: El primero, la confianza en nosotros mismos, creer en nosotros, y se trabaja en función de los miedos, del bloqueo central y esencial que no nos permite conectar con nuestro ser y mirarnos con todo el amor y con toda la dulzura que debemos hacerlo.

El segundo parámetro, es ser confiable para los demás y aquí corresponde trabajar con la inteligencia relacional, porque la prosperidad en el planeta tierra, es el resultado directo de la inteligencia relacional. ¿Qué quiere decir? Que la gran fuente de prosperidad en este planeta somos los seres humanos. Entonces, si tú quieres ser próspero, necesitas tener la capacidad de desarrollar la inteligencia relacional, la capacidad de conectarte con las personas apropiadas, y ser tu mejor versión para los demás, en todos los ámbitos de tu vida, en lo interno y lo externo.

El tercer parámetro de la confianza, es tener confianza en los demás. Si estás en sintonía con la desconfianza y miras a los demás como posibles agresores, de forma natural aparecerán personas que validarán esa creencia que, por lo general, es el resultado de una herida que aún esta por sanar.

No estoy proponiendo entregarnos con desparpajo a los demás y dejarnos engañar. Existen tres requisitos fundamentales para confiar y ser confiables:
Ser personas competentes, honestas y responsables.

El cuarto parámetro, es la confianza en la guía y protección divina. Tener la fe y la certeza de que estás siendo guiado y que, en tu ser, en tu esencia, en tu vida, nunca has estado solo. Tener la confianza en que la guía de Dios se manifiesta a través de sus ángeles y a través de los seres que están encargados de esta labor permanentemente. La única razón por la que te pierdes este regalo de vida que Dios te ha dado, es simplemente porque no conoces y no respetas las leyes universales y estás actuando por fuera de ellas.

Profundizaremos en cada uno de las cuatro dimensiones de la confianza. Iniciemos con la confianza en nosotros mismos. Hazte estas preguntas claves:

¿Qué promesas te has dejado de cumplir a ti mismo? Esto socava nuestra confianza. ¿Qué cosas has dejado de hacer en tu vida? Esa la razón por la que tu autoestima ha bajado. ¿Qué cosas has evitado hacer en tu vida? ¿Qué cosas estás evitando hoy? ¿Qué decisiones estás evitando y qué acciones estás evitando tomar, simplemente porque no confías en ti mismo? Si fueses 10 veces más poderoso de lo que eres ahora, ¿qué te atreverías a hacer? ¿Qué decisiones te atreverías a tomar?

Porque si lo que te falta es poder o creer que tienes poder para tomar una decisión, te tengo una noticia. Cuando tomes la decisión, si eres lo suficientemente humilde, Dios te va a imbuir con ese poder. Tal vez lo único que Dios y los ángeles están esperando, es que tomes una decisión, para que ellos puedan abrirte el camino. Pero necesitas tomar la decisión a pesar del miedo, a pesar de que no sepas cómo, a pesar de que sientas que lo que harás, será un salto al vacío. Necesitas decidir, porque si no decides, la vida lo hará por ti y las decisiones que la vida toma por nosotros, generalmente son dolorosas.

De eso sé bastante, porque durante toda mi vida, mi principal carencia fue la incapacidad de tomar decisiones. Hasta que no me sacaban de un lugar, no me planteaba irme de allí. Ahora he aprendido. Aprendí que primero debo adelantarme a los acontecimientos antes de que las cosas se saturen o se salgan de las manos.

¿Qué tanto confías en ti mismo? Del uno a diez, nuestra respuesta debe ser diez, porque si es siete, ocho, seis, cinco, cuatro, tres, nueve, necesitamos hacer lo necesario, revisar lo necesario, para que nuestra respuesta sea diez, inexorablemente diez. Que sea ese diez lo que necesitamos ser, ver el mundo desde el pedestal de ese diez. *"Confío en mí y voy a hacer lo necesario"*. Pero, confiar en nosotros no quiere decir que somos perfectos o que siempre lo vamos a hacer perfecto. Ese confío en mí significa: "estoy dispuesto a caminar, a corregir el camino si me equivoco, a aprender lo que sea necesario para seguir caminando y seguir avanzando". Esa es la actitud de la persona que tiene confianza en sí misma.

En el segundo ámbito o dimensión, hablé de ser confiable para los demás, eso implica ser honorable. Significa que eres cabal y honesto, porque tu palabra vale, tiene sentido y jerarquía. Quiere decir que, si tú dices a las tres, es a las tres. Que, si por alguna razón tienes que corregir la ruta por donde vas a una cita, lo dices con anticipación, pero no evitas contestar mensajes y dejas en azul a las personas que están esperando una respuesta tuya; no, lo correcto es disculparse y decir "no puedo". Una persona con integridad es alguien capaz de comprometerse y cumple con su palabra. Es un ser humano que va a ser confiable, transmite confianza, esto lo sabemos muy bien las personas que nos dedicamos a esta labor.

No podemos por ninguna razón, poner en riesgo la integridad de nuestra palabra. Así nos cueste dinero, nos cueste un dolor de cabeza, un retraso, un tiempo extra; jamás, bajo ningún concepto, pongas en riesgo la integridad de la palabra que has dado. La honorabilidad lo es todo. El hecho de que cualquier persona en el mundo te mire a los ojos o se acuerde de ti, y diga *"esa persona es honorable, hace lo que dice, dice exactamente lo que está dispuesto a hacer y hace exactamente aquello que dijo"*. Eso es honorabilidad. Entonces, ser confiable para los demás no es solamente tener una gran competencia académica y profesional, implica ser total y radicalmente honesto en tus compromisos y en tu capacidad de cumplirlos.

La tercera dimensión es una de las más desafiantes, porque generalmente no atraemos a las personas que queremos, atraemos a las que necesitamos, para experimentar la vivencia exacta y la dosis perfecta de aprendizajes para nuestra vida. Y, como estas personas y las situaciones relacionadas, se parecen a lo que necesitamos experimentar para nuestro aprendizaje, una clave importante, es aprender a comunicarnos y conocernos a nosotros mismos, ya que nuestras heridas, se verán reflejadas en esa interacción con las personas que lleguen a la vida.

Si desconfías de los demás, la vida te traerá las personas perfectas para que revalides que tienes razón. No se trata de confiar en toda la gente porque sí; se trata de transmitir la energía correcta, para que atraigas a las personas que quieres, no aquellas que no quieres. Cada persona que llega a tu vida viene a mostrarte algo que necesitas aprender, por eso, aunque no nos guste, cada interacción tiene un propósito. Recuerda las parejas que has tenido, ¿cuánto te enseñaron?, ¿cuánto aportaron a tu vida?

Decir algo tan peligroso como: *"no vuelvo a confiar ni a creer en nadie"*, equivale al aislamiento total; por este motivo, debemos aprender a diferenciar entre las personas confiables y las que no lo son. Lo hermoso de todo este proceso, es que, en la medida en la que tus valores están alineados con los estándares más altos de integridad, será ese tipo de personas las que llegarán a tu vida. Cada persona nos muestra algo por aprender o algo por corregir. Saber esto es una llave maestra para alcanzar la paz interior.

La cuarta y última dimensión de la confianza, es la confianza en Dios. Aquí, voy a compartir esta experiencia como yo la interpreto. A Dios, no lo observo como un individuo o un ser separado de mí. Yo lo observo, lo entiendo y lo interpreto, como un sistema al cual pertenezco.

Es decir, para mí, el universo que habitamos es Dios. Este universo tiene múltiples dimensiones y está creado bajo una estructura, como la llaman los científicos, el campo cuántico;

el Chi (filosofía china), el Ki (filosofía japonesa), el Prana (filosofía hindú). Dios, es el lugar que habitamos y está ordenado bajo unos principios, unas leyes que responden a lo que nosotros, de forma inconsciente o consciente, emanamos de nuestro ser. Esto quiere decir que Dios, desde su presencia, tal como lo digo en mi libro *El triunfo del alma*: "es una personalidad personal, una personalidad impersonal, una impersonalidad personal y una impersonalidad impersonal". Dios abarca las cuatro facetas de lo conocido y de lo desconocido, de lo posible y de lo imposible.

A mí me encanta verlo de esta forma, porque ya me desvinculé de la manera en la que aprendí a ver a Dios como un ser, como un individuo que tiene una fijación en mí para que no cometa pecados y, si los cometo, me va a castigar. Renuncié hace muchos años a ver a Dios de esa forma, esto me genera una paz inmensa y unos resultados coherentes con esa paz. Observo a Dios como una inteligencia que rige el universo y el universo está gobernado por leyes. Entonces, esta inteligencia obedece a la intención, a la acción y a la emoción del ser humano. Esta inteligencia jamás va a ir en tu contra a menos que tú vayas contra ti.

Como obra de esta inteligencia, existimos los seres humanos, los seres espirituales y los seres humanos que han evolucionado, y ahora son seres espirituales. Y, tanto los seres espirituales como los seres humanos que han evolucionado y se han convertido en seres espirituales, tienen funciones específicas en este universo; algunas de esas funciones son estar con nosotros y proveernos de los recursos necesarios para que, en nuestra vida, la voluntad de Dios, el amor y la misericordia de la grandeza de su presencia en nuestro ser, se manifieste.

Así que, la única razón por la que estamos viviendo o expresando algún tipo de desequilibrio, escasez o enfermedad es única y exclusivamente porque no estamos vibrando en la sincronía y en la frecuencia de la presencia de Dios. No estamos vibrando en esa frecuencia y, al no hacerlo, inevitablemente la expresión de la escasez, de la enfermedad y de la agresión aparecen en la vida como un reflejo de lo que no hemos sanado y no hemos corregido.

En virtud de lo anterior, la confianza en ese ser superior, en la divinidad, es igual a la confianza que tienes en ti misma, en ti mismo. Como lo he dicho muchas veces con esta frase: ***"Creer en ti es darle permiso a Dios para que haga tus sueños realidad"***, porque lo único que la divinidad quiere que aprendamos, es a creer en nosotros y a vernos con el amor tan profundo con el que vemos a nuestros hijos recién nacidos. Que aprendamos a vernos con compasión y la dedicación con la que cuidamos a una criatura que apenas está aprendiendo a respirar.

Creer en Dios implica tener la certeza de que no hay absolutamente nada malo en el mundo; que lo que tú juzgas como malo es solamente el juicio de la ignorancia. El resultado del desamor y el desamor son necesarios, ¿para qué? Para que aprendamos a apreciar el amor. La oscuridad es necesaria para que aprendamos a apreciar la luz; el mal es necesario para que honremos y bendigamos el bien.

En Venezuela hay una frase que se repite continuamente: *"Éramos felices y no lo sabíamos"*. Yo digo que hoy somos felices y necesitamos aprender a reconocerlo para que nunca perdamos esta felicidad, para que la multipliquemos y se convierta en la única expresión posible de vida para nosotros.

Ahora, es momento de meditar después de nuestra reflexión sobre la confianza. Como en días anteriores, por favor grábala con tu voz y busca un lugar tranquilo sin distracciones:

Cierra tus ojos y visualiza que estás bajo una luz intensa, una luz radiante. Es la luz de la presencia de Dios, la luz que mueve el mundo, la luz que ilumina tu mundo. Quiero pedirte que repitas estas afirmaciones después de mí:

"Yo soy el que yo soy. Yo soy la puerta abierta que nadie puede cerrar. Yo soy la luz que ilumina a todo hombre que viene al mundo. Yo soy el camino. Yo soy la verdad. Yo soy la vida. Yo soy la resurrección. Yo soy la ascensión en la luz. Yo soy el cumplimiento de todas mis necesidades y requisitos del momento. Yo soy abundante provisión vertida sobre toda vida. Yo soy vista y oídos perfectos. Yo soy la manifiesta perfección del ser. Yo soy la ilimitada luz de Dios manifestada en todas partes. Yo soy un hijo de Dios. Yo soy la luz en el santo monte de Dios".

Respira profundo sintiendo la energía y la vibración de cada una de estas palabras, que recorren y tocan hasta lo más profundo de tus átomos. Exhala y siente la plena certeza de que aquí y ahora eres la expresión de la divinidad, eres la expresión de Dios.

Vamos a enfocarnos en esta frase el día de hoy: *"Yo soy la expresión del amor y la prosperidad de Dios aquí y ahora. Yo soy la expresión del amor y la prosperidad de Dios aquí y ahora"*.

Te envío un gran abrazo desde mi corazón. Que el gran espíritu de amor que habita en ti, que habita en mí, bendiga tus pasos, bendiga tu día y te otorgue todo lo que anhelas en tu corazón.

Día 11

"Estoy totalmente comprometido con mi propósito. Vivo sin excusas, reconociendo mi valor".

Bienvenidos a nuestro día número 11. Espero que estén interiorizando toda esta información tan valiosa, porque lo que hacemos en el proceso de los 21 días, es desplazar los hábitos y la información que tenemos en instalados en nuestro sistema de vida, por esta nueva información que agrega un valor diferente, a aquello a lo que estamos acostumbrados. Es muy importante que este proceso lo sostengamos todos los días, de manera dedicada. Y, para quienes no se lo han tomado en serio hasta hoy, les sugiero que comiencen a hacerlo a partir de este momento, como si fuera el día cero. No busquen más excusas, porque cada vez que postergamos una decisión, estamos postergando nuestro éxito y nuestra felicidad. ¿Cuál es el día correcto para comenzar? El día correcto es ya. Un proverbio chino dice:

"El mejor momento para plantar un árbol fue hace veinte años; el segundo mejor momento es ahora". Éste es el momento, entonces hagámoslo ya.

En este undécimo día, voy a hablarles de una metáfora que aprendí de un gran conferencista de los Estados Unidos llamado T. Harv Eker. Él escribió *El secreto de la mente millonaria*, un libro magnífico que cuenta una metáfora acerca de por qué tenemos lo que tenemos y estamos como estamos. Él enseña que los seres humanos solamente logramos y obtenemos aquello que nos corresponde, lo que somos capaces de manejar y de procesar.

El secreto de la mente millonaria narra la metáfora de un papá que está con su niño y lo lleva a comerse un helado. El niño tiene tres o cuatro años, y le hace un gran berrinche porque quiere un helado de 10 bolas. ¿Ustedes se imaginan tener una barquilla con 10 bolas? ¿Tener un cono con 10 bolitas encima? Pues, obviamente hay que ser un gran malabarista para que esas bolitas no se caigan. Ni siquiera un adulto puede agarrar un helado con 10 bolas, pero el niño vio una foto con 10 bolas y quería helado de 10 bolas.

La pregunta que hace Harv Eker en su disertación es: ¿Tú le darías esas 10 bolitas a un niño? Por supuesto que no, lo que le darías al niño es aquello que él puede manejar. Entonces, ¿qué le darías al niño? Un helado con una bolita o máximo dos, porque tú sabes que eso es lo que él puede manejar y no lo dejará caer. Eso es sensatez, es sentido común. Me encanta esta metáfora, porque el Universo tiene con nosotros una relación similar. A nuestra vida llegará aquello que podamos manejar. No van a llegar las 10 bolas de nada, llegarán las que sean correspondientes con nuestro estado interior; esto aplica tanto para la prosperidad como para los problemas, las relaciones personales, o la salud. Solamente llegará a nuestra vida aquello que nosotros podemos manejar. Recuérdalo siempre.

Si tienes una situación difícil en este momento, una situación problemática, algo que sea muy doloroso y duro para ti, recuerda, lo estás viviendo porque tienes la capacidad de manejarlo; eres capaz de sacarlo adelante, eres capaz de procesarlo y esa capacidad hace que tu ser sea grandioso frente a la situación adversa. Te engrandece el hecho de estar viviendo lo que estás viviendo, porque eres más grande que eso. A mí me encanta, por ejemplo, que me lleguen las facturas, porque eso solamente demuestra que soy capaz de pagarlas, tengo la grandeza de pagar esas facturas. Ahora, revisa todas tus deudas en este momento, agradécelas y di: ***"Yo soy más grande que ustedes, yo soy capaz de salir adelante y pagar cada una de ustedes, y no solamente eso, sino que soy capaz de duplicar mi capital en función de las deudas que he tenido. Soy capaz de triplicar ese capital. Soy capaz de ir más allá"***. Esa es la actitud que tendremos frente a ese proceso.

Además, necesitamos crecer interiormente, que nuestra mente sepa que somos grandes, mucho más que los problemas. ¿Crecer para qué? Para no dejarnos subyugar por la energía o por la imposición del mismo inconveniente que nos dice: *"te voy a aniquilar, voy a ser más grande que tú, no vas a poder conmigo"* y eso es falso. Somos más grandes que las dificultades, necesitamos ser capaces de trascenderlas e ir más allá, para vernos engrandecidos ante ese problema. Sea lo que sea, una enfermedad, una pérdida, un comienzo de cero o una migración. Debemos vernos más grandes que cualquier adversidad, porque solamente se nos da aquello que podemos manejar. Recuérdalo siempre.

En cuanto al dinero, las pertenencias y la prosperidad, solamente se te va a dar aquello que puedas manejar con sabiduría. Eso quiere decir que tu capacidad de crear riqueza, es directamente proporcional a que sea coherente con tu plan de evolución aquí en esta tierra y que lo puedas manejar con sabiduría para hacerlo crecer. Entonces, ¿cuántas bolas de riqueza en la vida nos van a dar? Revisa en este momento, qué tienes y cómo lo administras. Ese es el nivel de conciencia que tienes en este momento y, si no es suficiente, no está acorde con tus sueños. Tus sueños van más allá. Por eso, necesitas conocer en profundidad aquella información especializada en los ámbitos en los que necesitas fortalecerte, para poder atraer más prosperidad.

Un primer hábito es, por ejemplo, la producción de riqueza. ¿Cómo producir dinero? Todas las herramientas que les he compartido hasta hoy tienen que ver con cómo producir dinero: tanto las espirituales, como el compromiso, como los valores, todo tiene que ver con producir dinero. Es muy importante que nos especialicemos en algo, te daré un ejemplo: volvernos expertos en resolver problemas, que nos convirtamos en unos maestros en el arte de resolver los problemas más complejos y difíciles, ¿por qué? Porque las personas que más ganan dinero, son las expertas en resolver problemas, son quienes se hacen cargo de las situaciones difíciles que los demás no pueden resolver. Entonces, si nos convertimos en unos maestros en el arte de resolver problemas, con toda seguridad vamos a encontrar un nicho de mercado, una forma de expandir nuestra prosperidad.

El siguiente hábito, es algo que necesitamos de manera primordial: creer tanto en nosotros y estar tan dispuestos a invertir en nosotros, que tengamos la certeza de que toda la información que adquirimos, llenará nuestros bolsillos.

Es preciso revisar qué clase de información estamos consumiendo. ¿Es información de calidad?, ¿es información trivial o innecesaria?, ¿ves las noticias con sus titulares amarillistas? ¿Qué tipo de contenido llega, con qué estás alimentando tu mente? Toda la información que consumes, es la que se encargará de llenar tus bolsillos, y si no posees información de calidad, de valor, por obvias razones, tus bolsillos estarán vacíos.

Continuando con esta línea, es importante aprender sobre administración, porque una cosa es generar dinero y algo muy distinto administrarlo. Hay personas que son muy buenas generando dinero, pero muy malas administrándolo, por consiguiente, siempre están pobres, viven en escasez y endeudados. ¿Por qué sucede este comportamiento? Porque no pueden evitar el deseo de comprar cualquier cosa que les deslumbra, porque piensan que las posesiones se tienen para impresionar a los demás; resulta que el afán por impresionar a los demás, aquella mentalidad que solo ve apariencias, es el camino directo para vivir en la frustración y en el fracaso financiero.

Mi recomendación para este punto es: aprender de los maestros en el arte de administrar y, a su vez, ser maestros en el arte de administrar. Si sientes debilidad en esta área, te voy a dar unas claves prácticas:

La primera es siempre pagarte primero a ti mismo, es decir, del dinero que recibes, págate, aparta una suma para ti y con lo demás, vive. Ese pago puede ser tal vez un 30 por ciento. Yo tengo la costumbre de "invisibilizar" el 60 por ciento de mis ingresos. ¿Qué es invisibilizarlos? Es darles un uso e invertirlos en recursos como acciones, fiducias o algún negocio que sea conocido por ti, y procuro vivir con el 40 por ciento. ¿Esto para qué? Para que ese dinero permanezca allí, crezca poco a poco o no se devalúe y haya un respaldo financiero. En algunos casos es recomendable comprar moneda extranjera, que no se devalúe tan rápido como el dinero de tu país.

Otra clave, es aprender que lo importante cuando tienes muchas deudas es que puedes renegociarlas, esto es, si te sientes alcanzado con las deudas, puedes hablar con la persona o personas involucradas a quienes debes dinero y decir: *"estoy dispuesto a seguir pagando, pero necesito un plazo mayor. Necesito renegociar esta deuda"*. Esto, en el caso de ese tipo de deudas que se convierten en un peso para ti. Enfrentar la situación, hablarla, será la mejor vía.

En cuanto a la administración del dinero, es muy importante apartar las emociones de los gastos. Las emociones se convierten en el peor enemigo de las finanzas cuando nos dejamos dominar por ellas y hacemos gastos emocionales. Si hay algo que quieres comprar, primero debes preguntarte ¿Puedo sobrevivir 30 días sin esto? Y si la respuesta es sí, no lo necesitas. Claro, es sano y sensato darnos gustos. Por ejemplo, a mí me encanta la música y me compré un instrumento musical, tengo una batería y de vez en cuando me siento a practicar, es una actividad que me relaja y estimula mi creatividad. Me compré ese instrumento como resultado de haber obtenido una ganancia extra y destiné un dinero con ese propósito. Pero, no vas a tomar el dinero de lo que ya está destinado para otros fines, para darte gustos y mucho menos endeudarte para el disfrute; el objetivo de una deuda, es que se haga con el fin de invertir ese dinero y pueda duplicarse en el tiempo.

Recuerda, espera y si puedes vivir 30 días sin eso que quieres comprar, con toda seguridad no lo necesitas.

Es muy importante aprender a administrar los recursos, porque lo que hagas va a determinar cómo el Universo que te rodea (es súper inteligente y está manejado por ángeles que están contigo), descifra tus capacidades. El Universo te va a decir *"ya va, no sabes manejar el recurso que te estamos dando"*, entonces tienes una pérdida o se te cae un negocio. Así funciona el Universo.

Aquí la importancia de aprender y, para poder tener las tan anheladas 10 bolas de helado, debemos llegar a un nivel de conciencia coherente con esa riqueza que aún no tenemos. Para tener este nivel de conciencia coherente con la riqueza, necesitas tener las bases de fortaleza e integridad en tu conciencia y en tu inteligencia financiera.

Vamos a enfocarnos en reconocer, que lo que no tengo en este momento, es la señal de que algo me falta por aprender, la señal de un camino en el que estoy empezando a avanzar; no es ni malo ni bueno, es simplemente mi resultado de este momento, lo que merezco. Si quiero merecer más, voy a emprender un camino de búsqueda continua.

Utiliza los recursos tecnológicos, busca información en las áreas que para ti son debilidades y concéntrate en esta frase: ***"Yo estoy abierto a aprender lo necesario para alcanzar el éxito que merezco aquí y ahora"***. Repítela, porque la actitud de aprendizaje es esencial para alcanzar cualquier logro humano, espiritual o en cualquier ámbito. Aprender lo que aún no sabes y renunciar al ego de pensar o de creer que ya sabes algo.

Día 12

"Tengo la disciplina necesaria para mantenerme enfocado en mi propósito".

Les doy la bienvenida a este doceavo día de *El gran reto de los 21 días*. Hoy vamos a introducirnos en un universo muy poderoso.

Uno de los factores más importantes en nuestro proceso, expansión y desarrollo, es la inteligencia relacional. Durante mucho tiempo he observado que uno de los ideales del mundo espiritual es alcanzar la iluminación, la paz, la sabiduría, el reconocimiento de la sabiduría que somos y la expresión de esa sabiduría que somos. Conozco técnicas de oración, meditación, mantras, conexión interna con Dios y todas son valiosas e importantes y nos ayudan a esclarecer y a expandir nuestra conciencia.

Pero uno de los desafíos más grandes del ser humano, no es establecer esa conexión con Dios si no, lograr la espiritualidad. De esto hablo en el último capítulo del libro *El triunfo del alma*. El desarrollo de nuestra verdadera espiritualidad está conectado a la forma en la que nosotros somos en nuestra cotidianidad. Alguien me preguntaba que, si la relación con la pareja es lo que más nos ayuda a encontrar la trascendencia, y mi respuesta es sí. La relación con la pareja, con los hijos y con los padres, esas tres relaciones, son las que nos ayudan a alcanzar la trascendencia. Por supuesto, todas las demás relaciones son importantes, pero sucede que con nuestros padres y nuestros hijos tenemos algo diferente. Por ejemplo, a los hijos se les habla con un tono de voz con el que no hablarías a un compañero de trabajo. A los padres les hablas con un tono de voz con el que no le hablarías a tu jefe; hablas con un tono especial que indica cómo está la relación con ellos.

En el marco de la evolución del ser humano, de nuestra trascendencia de alma, la relación con nuestros cercanos: padres, hijos y pareja, es fundamental para medir nuestro nivel de conciencia, nuestra capacidad de ser amor y nuestro lugar en el mundo. ¿Cuál es el lugar que estamos ocupando? La forma como hablas, es la forma como te expresas y no se trata de tener la razón sino en cómo haces valer tu razón. Eso demuestra tu inteligencia relacional, porque tener razón es ser una persona inteligente y con experiencia, pero tener inteligencia relacional implica que tú tienes la razón y sabes cómo comunicarla para que las personas no sientan que los estás obligando, amenazando, imponiendo o juzgando, sino que quieran hacerlo por sí mismos.

Ese es el verdadero liderazgo y la verdadera inteligencia relacional. Ahora, aunque tengas la razón, no tienes la razón absoluta. ¿Por qué? Porque cada mente es un universo separado de ti y cada mente tiene el derecho legítimo a pensar de la manera en la que piensa y reaccionar como reacciona. Además, porque vemos la vida según la historia que hemos vivido.

Por ejemplo, si tus hijos son adolescentes o niños, no tienen experiencia, no saben lo que tú sabes, pero necesitas aprender a ponerte en el lugar de ese niño o de ese adolescente y ver el universo a través de sus ojos, para que puedas diseñar el mecanismo de comunicación adecuado. Ese es el procedimiento. Pero si tú, desde tu razón y tu verdad, vas a comunicarte con ese niño o adolescente, desde tu forma de comunicar, encontrarás un muro y aquellos seres, en lugar de quererte, de confiar en ti, de abrir su corazón contigo, pondrán una barrera, te cerrarán su corazón por mucho tiempo. ¿Por qué? Porque no supiste comunicarte desde su lenguaje.

Un punto fundamental dentro de la inteligencia relacional, es aprender a comunicarnos desde el lenguaje de nuestro interlocutor. A eso se le llama sabiduría. Una cosa es tener la razón y otra cosa es ser sabio. Tener la razón no sirve de nada si no eres sabio, y para lo único que sirve, es para alejar a las personas de ti, sentirán miedo y rechazo porque no pueden hablar contigo y no los escuchas.

La inteligencia relacional nos provee buenas relaciones. Y, ¿para qué son necesarias las buenas relaciones?

En primer lugar, la gran fuente de prosperidad del planeta tierra, son los seres humanos. No existe otra fuente más grande de prosperidad en este planeta que los seres humanos, y nuestra interacción dinámica los unos con los otros, es lo que genera la prosperidad.

En segundo lugar, las buenas relaciones te generan paz, porque no hay nada que traiga más paz que estar bien con las personas que amamos, con quienes nos relacionamos, con quienes compartimos en el día a día. Esa paz te permite dormir tranquilo, poder enfocarte en tus propósitos, en tus objetivos, en las acciones concretas que vas a realizar para alcanzar tus metas. Pero si estás mal con la gente de tu casa y de tu trabajo, porque careces de inteligencia relacional y eres de los que va por la vida imponiendo y gritando tus ideas y tus creencias, inevitablemente no tienes paz. Tu vida es un caos.

Dirás, *"bueno, a mí no me importa que nadie me quiera"*, pero sí te importa tu propia paz, ¿verdad? Y lo importante es lo que hay dentro de ti y la forma en la que reaccionas frente a los desafíos de la vida. Eso es lo que habla de qué es lo que habita dentro de ti, de tu sabiduría o de la ausencia de ella, de tu luz o de tu oscuridad. Por esta razón, necesitamos urgentemente desarrollar la inteligencia relacional que implica aprender a expresarnos, a decir las cosas de la forma apropiada, porque la forma en la que te expresas, determina la capacidad de ser escuchado. Cuando hablas, dices lo que dices desde tu universo, tu experiencia, desde lo que eres; pero el otro escucha lo que escucha desde su universo, su experiencia y desde lo que es. Y esto a las empresas, por ejemplo, les cuesta muchísimo dinero.

En la comunicación siempre existe esa brecha: lo que alguien dijo y lo que el otro escuchó. Por eso, hoy en día se utilizan los correos electrónicos, las comunicaciones corporativas se realizan por escrito; personalmente no me gusta hablar por teléfono, prefiero que me envíen mensajes, porque cada mensaje queda grabado, yo puedo escuchar el mensaje, después escuchar mis propias palabras y saber qué fue lo que dije y a que me comprometí. Gracias a Dios, la tecnología nos permite que quede el registro para poder tomar de allí lo que hemos dicho y lo que hemos escuchado.

La inteligencia relacional es fundamental en todos los ámbitos y en todos los sentidos, porque tener equilibrio y armonía y crear una mayor capacidad de influencia con las demás personas, es vital en nuestra prosperidad. Mi capacidad de influencia está determinada por mi capacidad de convencer, de ser confiable, de ser respetado, de ser honorable, que las personas vean en mí a una persona que se respeta. ¿Por qué? Porque yo respeto a las demás personas.

Alguna vez te has preguntado ¿Cuál es el efecto que genera tu presencia en las demás personas? Qué efecto generas en ¿Tus padres?, ¿tus hijos?, ¿tu pareja? ¿Cuál es el efecto que genera tu presencia en la labor con la que te ganas la vida? ¿Cuál es el efecto que genera tu presencia cuando te comunicas en público? Ahora, la pregunta es, ¿te gusta hablar en público?, ¿te gusta expresarte? O, por el contrario, ¿tienes miedo escénico? Porque si quieres brillar como una estrella, si quieres cumplir la voluntad de Dios y ser una expresión hermosa de la sabiduría divina aquí en la tierra, lo mínimo que debes hacer por ti mismo, es aprender a hablar en público, expresar tu ser, tu esencia y tu luz.

Es muy importante que aprendamos que lo que generamos en el otro es determinante y muestra la esencia de lo que somos. La pregunta es, ¿dejas en las personas el aroma suave y delicado de alguien sabio y consiente? O, ¿dejas en el otro la marca de alguien que lo ha atropellado y le ha faltado al respeto? Estas preguntas debemos responderlas en todos los ámbitos de nuestras relaciones, y no es para que vivamos llenos de pánico, sino para que nos observemos.

Ahora, cierra los ojos y comienza a respirar lento, suave, profundo y mientras respiras, por favor visualiza esos momentos en los que veías a tus cuidadores alterados. Transpórtate a esa historia y observa a las personas que viste alteradas: papá, mamá o quienes estuvieron a cargo de tu educación. Recuerda por favor y sé muy consciente de lo que sentiste en ese momento. Tal vez experimentaste esa emoción en tu estómago, en tu mente o en tu pecho. Recuerda en este momento, qué sentiste cuando viste a tus mayores alterados, cuando los viste disgustados y perdían el control de sus emociones. Ahora, siente en todo tu ser esta sensación de, tal vez miedo, impotencia o rabia, ¿qué sentías? Simplemente obsérvate.

Ahora quiero pedirte que por favor repitas: ***"Hoy yo declaro en pleno uso de mi*** *conciencia que estas reacciones que estoy observando en este momento no son la mejor forma de hacer lo que debe hacerse. Por lo tanto, yo hoy renuncio a seguirla repitiendo en cualquier ámbito de mi vida. Hoy yo declaro que soy capaz de hacerlo diferente. Que tengo la sabiduría necesaria para detenerme antes de actuar. Que soy capaz de elegir la mejor respuesta posible, desplegando mi inteligencia relacional frente a cada persona con la que tengo contacto en mi vida. Por lo tanto, hoy yo perdono a cada persona que me hizo sentir miedo. Los perdono papá y mamá por sus ataques de rabia y también me perdono a mí mismo por cada vez que me he expresado desde la inconsciencia".*

Respira profundo y visualiza cómo va saliendo ese recuerdo y cuando te sientas lista, cuando te sientas preparado, abre los ojos suavemente y te preparas para regresar.

Quiero pedirte que el día de hoy estés muy consciente y despierto, despierta, para que observes cómo has sido hasta ahora en este ámbito, para que observes qué cosas vas a corregir, qué cosas vas a dejar de hacer, qué cosas vas a hacer diferente y cuándo te vas a detener, porque nuestro cerebro reptil siempre quiere devorar, morder y gritar, pero nuestro lóbulo frontal, que es la sede de la conciencia, nos va a permitir hablar desde otro ámbito, ya no reactivo, sino reflexivo. Hay que observar cómo somos y cómo nos estamos comportando.

Enfoquémonos en repetir la frase de rescate del día de hoy:

"Yo soy capaz de actuar en equilibrio y en armonía en todas las áreas de mi vida. Yo soy capaz de actuar en equilibrio y en armonía en todas las áreas de mi vida".

Día 13

"Atraigo a mi vida personas honestas, prósperas y llenas de sabiduría".

Llegamos al decimotercer día de nuestro *Gran reto de los 21 días*. Espero y deseo que lo que te compartí ayer acerca de este proceso hermoso de la inteligencia relacional, lo hayas podido interiorizar. Para mí es fundamental el proceso de la inteligencia relacional, porque de allí se desprende nuestra capacidad de interactuar, de relacionarnos y nuestra capacidad de crecer en comunidad. Cuando hablo de comunidad, me refiero desde dos personas en adelante, pasando por nuestras comunidades cercanas, nuestras ciudades, hasta nuestras comunidades extendidas.

Hoy quiero profundizar en este tema porque hay un elemento del que no hablé ayer con el suficiente énfasis; este es un elemento que cuando me contratan en empresas, una de las primeras cosas que hacemos en el equipo es indagar y verificar cómo se vive este tema al interior de la empresa. Es una cualidad que es la base de una competencia primordial para el ser humano, y que cuando tú la observas desde afuera, te das cuenta de que, la persona que la ha desarrollado, está en un alto nivel de madurez. De hecho, para mí el Plan de los 21 días es un proceso de madurez porque a través de él aprendemos a dejar de juzgar o a cambiar esos juicios de descalificación por juicios de valoración.

El tema que vamos a compartir hoy, si nosotros lo aprendemos a desarrollar, será la gran herramienta para desarrollar nuestro carisma. De hecho, el carisma es un factor fundamental para que nosotros podamos generar mejores y mayores relaciones con las personas. Y, lo más curioso, es que muchos de nosotros asumimos, sin haber explorado a profundidad, que esta técnica la tenemos consolidada, que ya la hemos desarrollado o que ya la dominamos. Sin embargo, cuando vamos a lo profundo, al origen, descubrimos que nos falta mucho por desarrollar.

Esta herramienta es la **escucha**. Se estarán preguntando, ¿tanto preámbulo para hablar de la escucha? Les diré, la mayoría de las personas simplemente vamos por la vida como oyentes, solo oímos; pero, escuchar tiene una definición que va más allá. Escuchar es la mezcla del oír, más la interpretación que hacemos de aquello que acabamos de oír. Es la mezcla de estos dos ámbitos.

Les contaré una experiencia que viene muy bien con este tema: en los últimos quince años, recorrí Colombia dando clases de coaching, he tenido grupos de 60 personas aproximadamente y siempre, el 100 por ciento de esos grupos (con personas que están en la búsqueda espiritual), me encontraba con que, las personas se daban cuenta de que su capacidad de escuchar era precaria.

No sé si te ha pasado que, cuando estás hablando con alguien, lo único que esperas es que esa persona se calle para responderle, ¿es así? Esto lo que hacemos todos, ¿cierto? Alguien me habla y lo primero que quiero es que la persona se calle para yo responderle, para darle un consejo, refutar lo que me está diciendo, decirle lo equivocado que está, para decirle lo que yo tengo o decirle que yo también vivo algo parecido a lo que la persona me está contando. Cada vez que hacemos esto, cualquiera de las cosas que les acabo de mencionar, dejamos de escuchar a la persona. ¿Por qué? Porque cuando alguien nos comparte algo, esta persona lo está compartiendo desde el universo de su inquietud y nos está dando el suficiente valor para abrirse ante nosotros y expresar aquello que quiere expresar. Por supuesto, esta persona, a menos que lo pida, no busca un consejo; esta persona inicialmente lo que quiere, es ser escuchada.

Aquí voy con este punto, recuerda siempre, cada vez que una persona te hable, te comparta o te exprese sus inquietudes, lo que inicialmente quiere esa persona, es ser escuchada; y el solo hecho de permitirle hablar y escucharla, puede ayudarla a sanar, a cerrar un ciclo; mediante el acto de escuchar, se puede transformar una vida, se puede generar un antes y un después. Porque le estás haciendo sentir a esa persona cuando la escuchas, que es valiosa para ti: "lo que dices me importa y no importa si tienes o no la razón, yo te valido como un legítimo otro". Miren la belleza de esto, cada vez que tú estés escuchando y quieras responder, cada vez que desees escuchar y quieras aconsejar, cada vez que estés oyendo y quieras refutar, no estás escuchando, estás solo oyendo. Lo que hay en el trasfondo de lo que la persona me está diciendo, es la inquietud de su ser en función de una necesidad, que es la necesidad de ser escuchado.

Claro que yo estoy llevando esto un extremo de una relación cercana. Pero hay dinámicas relacionales, laborales, por ejemplo, o el día a día que obviamente no requieren un compromiso tan profundo con el tema de la escucha. Sin embargo, cada vez que alguien esté hablándote, diciéndote algo, detente, detente… bájale el volumen a lo que estés viendo, mira a los ojos a esa persona y escúchala; escúchala ahora.

La meta que quiero proponerles es aprender a escuchar, para comprender. Ya no vamos a escuchar más para responder, a partir de hoy aprenderemos a escuchar para comprender. Esa será la meta, comprender lo que a la otra persona le está sucediendo. El gran Rafael Echeverría decía en una conferencia en Buenos Aires:

"Tú solamente puedes decir que has escuchado a alguien cuando sus palabras te han transformado, cuando sus palabras te han cambiado". Esto quiere decir que, el acto de escuchar, es el acto de ubicarte completamente en el lugar de la otra persona y aprender a ver el mundo desde los ojos de esa persona. Aquí lo importante es que no estamos hablando de quién tiene la razón o no. Si una persona está, por ejemplo, haciéndote un reclamo o discutiendo por alguna circunstancia, tu primer deber es escuchar

a esa persona y entender por qué esta persona tiene la opinión que tiene. Miren el gran desafío que se plantea frente a nosotros: algunas veces, las emociones que sentimos cuando alguien nos dice, *"tenemos que hablar",* inmediatamente nos hacen comportarnos como niños, nos ponemos a la defensiva, subimos el tono de voz o pensamos que lo que yo tengo que decir, es superior a lo que me están diciendo.

Estar despiertos, ese es el propósito por el cual estamos haciendo *El gran reto de los 21 días*. Despertar la conciencia para que, a través de esa conciencia, lleguemos a mayores niveles de realización en todos los ámbitos. Te visualizo como un ser íntegro. Visualizo a personas íntegras, capaces de ser felices. La integridad es lo que genera la verdadera felicidad.

Escuchar es la meta, comprender por qué piensa como piensa la otra persona, y si crees que está equivocada, puedes apoyarla a través de preguntas, sin necesidad de refutarle, contradecirle, agredirla, atacarla o descalificar su sentir. Puedes hacer preguntas sencillas, por ejemplo:

¿Qué te hace pensar eso? ¿Cómo llegaste a esa conclusión? ¿Cuáles fueron las razones que te llevaron a generar esa conclusión? Una vez que tú has escuchado y comprendido el por qué ella piensa como piensa, entonces ahí sí procederás a expresar tu punto de vista, tu opinión, explicación o reflexión acerca de la situación que están tratando. Si alguien te está hablando de un problema que está teniendo en ese momento, no es tu deber aconsejarle, a no ser que ella te lo pida, tú puedes aportar en la conversación con una pregunta. Es la forma más respetuosa de apoyar a una persona en un momento difícil.

¿Estás comenzando a descubrir la belleza de esta propuesta que te estoy compartiendo el día de hoy? Cuando empezamos a escuchar para comprender, se van a disminuir en un alto porcentaje los disgustos, las discusiones, los malentendidos.

Los malentendidos, entre otras cosas, son los generadores de disgustos más comunes entre los seres humanos. La gran mayoría de las situaciones difíciles, surgen como resultado de la escasez de información o de la mala interpretación de cierta información. Así que, si asumes esta actitud y te esfuerzas por comprender a la otra persona desde su posición, desde cómo ella interpreta el mundo, te darás cuenta de que va a ser más fácil para ti, amar a esa persona, respetarla y valorarla; también comenzarás a anular una conducta que es muy común, y es asumir que la persona tiene una intención negativa o quiere hacernos daño. Observa lo delicado de esto, cuando nosotros le adjudicamos a una persona una mala intención, inevitablemente nos vamos a indisponer. Vemos a la persona como una antagonista, alguien que debe ser derrotado, derribado o de quien debemos cuidarnos.

Veamos un ejemplo común: cuando una persona te escribe por el chat un *¡Hola!*, tú, de acuerdo con tu estado de ánimo, escuchas en tu mente el tono de voz de ese "*¡Hola!*", sin embargo, ese tono, es el que tú le asignas porque la persona solo escribió "hola". Pero tú le pones la entonación y la intención. De la misma manera hacemos con todas las relaciones, le estamos colocando la intención a la persona y vamos juzgando lo que ella dice.

Si les ha pasado esto último durante los 12 días que llevamos del Reto, deberán devolverse al día uno, porque están juzgando la intención del otro, están asumiendo y están haciendo suposiciones y este, es uno de los errores que vamos a evitar a partir de hoy. Recuerda esto permanentemente: la intención del otro siempre es neutra hasta que ella te corrobore lo contrario. Comenzaremos a respetar. La gran palabra en este proceso es **respeto**. Aprender a escuchar es uno de los actos de amor más grandes que podemos hacer por una persona, porque le estamos diciendo: "te respeto, te honro, te valoro, te bendigo". Aprender a escuchar es una forma extraordinaria de validar y legitimar la identidad del otro, y decirle aquí estoy. A los coaches nos pagan por escuchar a las personas, he visto en la práctica de este oficio tan hermoso, cómo las personas sanan solamente con el hecho de poder expresar lo que tanto han callado. Es hermoso que puedan expresar y decir lo que está en su universo sin sentirse juzgados o descalificados.

Piensa en tus hijos, piensa en tu pareja, ¿cuántas veces los has escuchado? Y al escucharlos, ¿los has hecho sentir juzgados? ¿Has invalidado su opinión o les has dicho cualquier cosa que contradice lo que están diciendo, solo por afán y por no detenerte?

Esto es algo que va a lo más íntimo de nuestro ser; así que la invitación que quiero hacerte, es que a partir de hoy te conviertas en un maestro en el arte de escuchar, y, sobre todo, de escuchar a aquellas personas con quienes se te dificulta hacerlo. Porque tu ego te está diciendo "que se callen, que se vayan, no quiero escucharlos, me están diciendo otra vez lo mismo, otra vez la misma cantaleta".

Tal vez estás pensando, ¿cómo voy a escuchar a quien no me escucha? Ahora te toca a ti colocarte en esa posición de humildad, en esa posición grandiosa con la cual vas a escuchar al otro y le vas a hacer sentir tu respeto. Todo esto me da pie al siguiente punto y es la capacidad que tienes de escucharte a ti mismo, un factor para mí fundamental, porque la incapacidad que tengo de escucharme, es directamente proporcional a los resultados que tengo en mi vida. Partiré del principio que, todo lo que sucede externamente es el resultado del viaje interior, de lo que habita en mí, de mi intención e inacción. Somos aquello de lo que nos avergonzamos, lo que guardamos en nuestro interior, en la intimidad, es parte de lo que somos. Aprender a escuchar nuestra voz interna, es vital.

Se los diré de otra forma: aprender a escuchar lo que no queremos escuchar de nosotros es fundamental, porque allí es donde se destraban nuestro proceso psicológico y nuestro proceso emocional. Allí es donde se desbloquean los nudos que no nos permiten ir más allá de nuestros límites.

Quiero regalarte estas preguntas: ¿Qué es aquello que no te gusta, que no estás escuchando de ti? ¿Cuáles son las cosas que evitas reconocer en ti? ¿Cuáles son las cosas que evitas ver en ti? Vamos a prestarle atención a estos aspectos, porque es en esta escucha, en la capacidad de detenernos y ver qué me está pasando, que encontraremos un universo magnífico de respuestas y de posibilidades para que trascendamos nuestras limitaciones.

Aquí, otras preguntas: ¿Cuál es la razón por la que estoy sintiendo lo que estoy sintiendo? ¿Por qué estoy reaccionando como lo he hecho? ¿Por qué me estoy exaltando o por qué me estoy sintiendo nervioso? ¿Por qué se me aflojan las tripas y tengo ganas de ir al baño después de esta experiencia? Identificar esto hace parte de escucharte. ¿Por qué me pongo a la defensiva cuando una persona me dice tal cosa o cuando me habla de tal forma? ¿Por qué me molesta la gente que grita en la calle o la gente que se atraviesa en la calle? ¿Por qué me molesta manejar? ¿Porque ya no soporto X o cualquier situación?

Necesitamos escucharnos. Sé que, si la mayoría de las personas entendiera y pusiera en práctica lo que les estoy compartiendo, me quedaría sin trabajo, porque esta básicamente es la respuesta para los dilemas que vivimos los seres humanos: nuestra incapacidad de escucharnos a nosotros mismos. Entonces, la invitación que quiero dejar hoy es que, para que aprendamos a reconocer que ese universo interior que habita en mí, que es el que me genera los resultados que estoy viviendo, es el que necesito observar con detalle.

Ponte la mano en el corazón y di:
"Hoy yo me comprometo. Hoy escucharé a cada una de esas personas que he evitado escuchar. Hoy las comprenderé, y hoy me comprometo también a detenerme para aprender a escucharme. Para aprender a hacer esas reflexiones profundas que me llevarán a ver más allá de los límites que me he puesto".

Habiendo hecho este compromiso, te invito a que lo honres buscando en este día a las personas que has estado evitando escuchar y preguntarte: ¿Qué situaciones he evitado enfrentar dentro de mi ser? La idea es que te pongas en la acción de ir a ese universo interior y descubrirte, desnudarte ante tu verdad.

Vamos a enfocarnos en esta frase de rescate que puedes utilizar en el momento que lo requieras.

"Hoy abro mi mente y mi corazón para descubrir el universo que me rodea. Hoy abro mi mente y mi corazón para descubrir mi universo interior. Este universo es el que tiene las respuestas y las claves para conectar con la grandeza de mi ser".

Bendigo el instante en el que naciste. Que tengas un maravilloso día.

Día 14

"*Estoy abierto a aprender todo lo que necesito para alcanzar mayores niveles de sabiduría*".

Es el día 14 de nuestro *Gran reto de los 21 días*. Nos vamos acercando al momento de cumplir la meta y, si has hecho este reto con honestidad y has tenido que devolverte, te entrego mi abrazo, mi fuerza y mi cariño; porque yo sé que en este proceso de transformarnos, tendremos algunos altibajos, eso está bien; lo bonito y lo valioso aquí, es que tengamos la voluntad para levantarnos de nuevo, seguir avanzando y expresar lo mejor de nosotros con esas ganas de seguir creciendo, aunque a veces se escapen algunos juicios, porque para los latinoamericanos es común criticar, creemos que criticar es lo cotidiano; cuando juzgamos nos sentimos mejor, más grandes, nos olvidamos un poco de nuestra vida y vemos la vida de los demás.

El tema de hoy es muy bonito, lo encuentro continuamente en la mayoría de las personas. Cuando nosotros logremos comprender esto, tendremos un avance bien interesante porque podremos focalizar la energía.

Uno de los principios que he utilizado para crear la vida que he creado hasta ahora, es el principio de la atención plena. Nosotros somos el resultado de aquello en lo que ponemos nuestra atención. Si tu atención está dispersa, pues obviamente tus resultados son coherentes y equivalentes a esa dispersión. Pero si estás enfocada, enfocado y tu atención está puesta en algo, la vida te va a dar ese resultado. Hay muchos elementos a través de los cuales nosotros desperdiciamos nuestra atención; es decir, la colocamos en diferentes direcciones y ponemos nuestra atención en muchas cosas a la vez. Y es por esta razón, que la vida de la mayoría de las personas, es realmente un caos: les suceden situaciones que no pueden manejar, aparecen acontecimientos inesperados constantemente que se salen de su control y han perdido el foco de su vida, básicamente porque no tienen la suficiente disciplina para administrar el recurso de su atención.

Y aquí llega la frase de un maestro que dice: *"en donde pones tu atención, allí estás tú y en eso te conviertes"*. Hay varias actividades con las que dispersamos la atención. Una de ellas, es no juzgar, eliminar los juicios nuestra vida, ese es el foco de nuestro *Gran reto de los 21 días*. No es que el juicio sea malo, lo que ocurre, es que lo utilizamos como un mecanismo de evasión de nuestra responsabilidad de la vida y usamos a los demás como chivos expiatorios y así nos olvidamos de nuestra responsabilidad. Para eso utilizamos el juicio y eso nos quita mucha energía. Es decir, si ustedes vieran su campo energético, su campo electromagnético, verían cómo cada vez que hacen un juicio, se derrama un chorro de energía que se oscurece y se convierte en algo completamente negativo. Por eso, aunque nosotros tengamos la razón, no debemos hacer juicios, porque la gran virtud del ser humano no es juzgar lo evidente y aunque veas algo que quieras juzgar, la sabiduría se manifiesta cuando reconoces que eso que estás juzgando, es necesario y que si existe, es porque esa persona hace lo que puede con lo que tiene, el juicio no resuelve lo que no te gusta, la acción sí.

Otra de las formas con las cuales nosotros desperdiciamos muchísimo nuestra energía, además de los juicios, es la necesidad de controlar; a través del control, nos sentimos buenos. Analicen lo interesante de este planteamiento, controlamos porque al hacerlo creemos que hacemos lo correcto, sin embargo, aunque el control es necesario en algunos ámbitos de nuestra vida, en otros, se convierte en un enemigo de nuestras relaciones que nos generan efectos fisiológicos como dolores de espalda y peso en los hombros. El control es el hábito de querer que todas las cosas externas, se amolden al ego o a la necesidad o a la conveniencia. ¿Qué hace una persona controladora? Una persona controladora no soporta que las cosas sean diferentes a como él o ella esperan y además, se disfraza de bondad: sobre protegemos a nuestros hijos con la excusa de que nada malo les suceda y lo que logramos con esto, es criar hijos llenos de miedo y dependientes de nosotros o en el otro extremo, hijos que se van al otro lado del planeta, poniendo miles de kilómetros entre tú y ellos, con tal de no tener que lidiar con tus miedos e inseguridades. Hay otras justificaciones para la sobreprotección como, por ejemplo: *"no quiero que mis hijos vivan lo que me toco a mí, no quiero que cometan los mismos errores que yo cometí, hay mucha gente mala o hay muchos peligros afuera"*. Las personas controladoras incluso, envejecen más rápido.

Toda persona controladora, es controladora en virtud de su incapacidad de observarse, autogestionarse y de revisar sus procesos personales para hacerse cargo de su vida. Esta persona vive en el afuera continuamente; ¿qué es vivir en el afuera? Es estar en función de que todo a su alrededor esté bien, su meta es ser la persona más bondadosa, porque siempre está ocupada de que a todos no les falte nada.

En realidad, la persona controladora necesita estar pendiente de la vida de los demás, porque su mundo interno es un desastre y teme mirar adentro de su ser, le da miedo hacerse cargo de sus propios miedos y peor aún, ni siquiera sabe cuáles son sus miedos. Este tema del control es muy delicado, descubrimos en este proceso, que la persona controladora por lo general, es un evasor de la responsabilidad sobre su propia vida y disfraza el control con bondad.

Hay algunos individuos con los que te encuentras que te dicen: *"Ay mijita, usted si está gorda, ¿qué le pasa? Está como envejeciendo…"*. Además de controladores, son irrespetuosos, porque en su pensamiento tienen esta consigna: *"es que yo tengo la necesidad de aconsejar a todo el mundo"*. Y el controlador va aconsejando constantemente, se mete en la vida de los demás sin que lo estén llamando. Eso hace una persona controladora. Tal vez conocerás a personas así, familiares, vecinos que se la pasan asomados por

la ventana fisgoneando la vida de los demás o...
¿serás tú?

El control es una conducta que surge como mecanismo de supervivencia por miedo a ser abandonado, a ser traicionado, por miedo a la soledad y como una forma de reivindicar su valor y así, llamar la atención para ser importante para los demás. Visto de otra manera, la persona controladora va buscando o genera estrategias de control, para buscar y reafirmar su identidad, en función de lo importante que se siente al hacerlo. Debido a esta conducta se desgastan las relaciones y un controlador puede terminar en soledad porque, aunque caiga bien y la gente le sonría, es una persona, como lo he mencionado antes, que interfiere en la vida de los demás, da consejos sin que se los pidan, piensa siempre que tiene la razón y que los demás deben vivir de acuerdo con su opinión. Controlar es buscar la sanación por los medios equivocados. Todo aquello que le aconsejo a los demás, primero que tengo que decírmelo a mí mismo.

Las empresas necesitan un área de control, necesitan ejecutar procesos y cuando los procesos funcionan, el control se ejerce por sí mismo, en el propio proceso. Asimismo, en el hogar se necesita el control para que las cosas funcionen. Sin embargo, el control tiene una frontera muy delgada en la que se convierte en interferencia o intervencionismo.

El intervencionismo es querer hacer por los demás, lo que los demás pueden hacer por sí mismos o tratar de evitar que otros vivan las experiencias que les corresponde vivir.

Hace poco le contesté un mensaje a una señora que me escribió:

"Humberto, estoy atrapada en Colombia y no puedo ver a mi familia en Venezuela, no puedo ver a mis hijos. La estoy pasando muy mal, estoy sufriendo mucho". Es una circunstancia que todos reconocemos como dolorosa, lo hemos visto y algunos hemos vivido esa situación. Yo lo viví cuando se venció mi visa y estuve durante siete años sin visitar a mi familia en Colombia, de manera obligada.

Le respondí a la señora: *"Si la vida, si Dios te ha colocado en esta posición, es porque algo bueno hay en esto".* Les cuento algo, una de las cosas buenas que resulta con el hecho de estar lejos de nuestros seres queridos, es que solo cuando estamos lejos del nido, podemos crecer. Ningún pájaro se convierte en un ave majestuosa que surca los cielos, viviendo el resto de su vida en el nido. El pájaro se tiene que ir, hacer su propio nido y volar por sí mismo. Aunque es doloroso, la vida te está dando la oportunidad de crecer y de no depender. También le está dando la oportunidad a tus hijos y a la familia que se quedó atrás, de valerse por sí mismos sin ti, y eso tiene un valor grandioso.

El control se convierte en intervencionismo cuando queremos evitar que las demás personas sufran, de esto también hablo en el libro *El triunfo del alma*; cuando quieres hacer la vida fácil a tus hijos, tus hijos harán difícil la tuya, porque la gran experiencia para poder crecer es la experiencia propia.

Por más que aconsejes a alguien, no vas a lograr que esa persona deje de cometer los mismos errores. Esto aplica para amigos e hijos, salvo que a ti te contraten como un experto y te paguen para eso. La mejor forma de influenciar el bienestar en otros, es a través del ejemplo, eso es lo que verdaderamente empuja. Es hora de revisar si estamos interfiriendo y con quién lo estamos haciendo. Es decir, a quién le queremos evitar los problemas, a quién le queremos facilitar tanto las cosas, que esa persona deje de creer por sí misma y se convierta en dependiente.

Si has descubierto algo importante y te diste cuenta de que estás interfiriendo, puedes hacerte estas preguntas:

¿Con qué fin hago esto? ¿Cuál es la herida que estoy evitando? ¿Qué estoy evadiendo? ¿Qué es lo que no quiero reconocer en mí? O ¿Qué es lo que me estoy negando a sanar?

Al responderte alguna de estas preguntas, podrás entender cómo te estas parando frente al mundo.

Recuerden esto, la vida no está creada en función del caos. La vida está fundamentada en leyes que, si los hombres las violamos, seremos víctimas de esas leyes. Cada palabra de este libro esta orientada para que vivas de tal forma que esas leyes estén a tu favor y no en tu contra.

Esto hay que respetarlo totalmente. No hay ni una sola persona en el mundo sufriendo algo de lo que no se haya hecho correspondiente. Todos de alguna forma, consciente o inconsciente, generamos desde nuestras acciones u omisiones, la realidad que estamos viviendo

Necesitamos aquí y ahora, soltar la necesidad de que las cosas sean como nosotros queremos. Las cosas saldrán como deben ser, la vida no te va a dar lo que quieres, te va a dar lo que tú necesitas. Sabiduría es hacer coincidir lo que quieres con lo que necesitas. Este aprendizaje es muy bonito, porque Dios siempre nos va a dar más de lo que nosotros hemos soñado. Aquí, te voy a hablar de los sueños, porque vamos a empezar a enfocarnos. Empezaremos a abocarnos en el arte de crear, de construir, nos enfocaremos en ello.

El que mira para adentro despierta, el que mira para afuera sueña. Y, cuando miramos hacia adentro, decimos "para adelante, es para adentro", es decir, avanzo siempre que voy hacia adentro. Es la forma de hacerlo. En consecuencia, necesitamos hacernos cargo de nuestro interior, a la vez que respetamos los procesos de los demás.

Y esta es la invitación para este día: respetar el proceso de los demás. Con esto no quiero decir que no ayudes o le ofrezcas una palabra de consuelo si te la piden o que no contribuyas con alguna colaboración para ayudar a alguien, esto es parte de entregar nuestro amor, pero deja de sentir lástima por los demás. Deja de controlar, tu espalda te lo agradecerá.

Si una persona está viviendo una situación compleja: llega con un ojo morado o tiene una pérdida, esa persona es correspondiente con la experiencia. No es una pobrecita, no es una víctima. Es una persona que está en un proceso de aprendizaje, al igual que tú y yo, y debe vivir esa experiencia temporal en ese momento. Además, recuerden, nada es permanente, todo es temporal, el sufrimiento, el dolor, la alegría y la celebración, todo es temporal. Y, lo que queda siempre es la paz de nuestro espíritu, la paz de nuestra alma. Una de las mejores formas de estar en paz es soltar la necesidad de controlar, la necesidad de que las cosas sean como nosotros queremos que sean.

Vamos a enfocarnos en esta frase:

"Yo confío totalmente en el proceso de la vida y estoy en paz con todos los resultados que tengo".

Que el Gran Espíritu de amor los bendiga, que tengas un maravilloso día.

Día 15

"Acepto completamente mi vida, mi historia y mi ser. estoy en paz con mi luz y mi oscuridad".

Te doy la bienvenida al décimo quinto día de nuestro *Gran reto de los 21 días*. ¡Qué alegría que hallas llegado hasta este punto!

Hoy quiero compartirte una herramienta esencial. Vamos a revisarnos para darnos cuenta, acerca de cuál es la actitud que asumimos frente a todas las circunstancias de la vida, este es el inicio del proceso de transformación. ¿Qué hago o cómo actúo cuando recibo algo? ¿Cómo pienso cuando recibo lo que recibo? De allí se va a desprender la resolución de los conflictos y las situaciones o el estancamiento en nuestra vida.

La actitud central frente al desafío, determina su resolución. Los problemas tienen una semilla de grandeza para nosotros. Es decir, si aprendemos a utilizar la energía de los problemas que llegan a nuestra vida como una bendición, nada nos va a detener. ¿Qué hemos hecho en el pasado? Utilizar los problemas como un desagüe. ¿Por dónde perdemos nuestra paz y nuestro poder? Eso han significado los problemas hasta este momento: angustia. La invitación que tengo para ti, es que utilices los problemas como una catapulta, que sean la escalera para transformarlos en luz.

Tengo infinita gratitud por la *kabbalah* y uno de sus promotores más conocidos Yehuda Berg, en uno de sus libros El poder de la kabbalah, comparte una herramienta ancestral que te recomiendo ampliamente, es la **restricción**.

Usar esta técnica me dio el impulso para escribir *El triunfo del alma* en el 2011, me ayudó a dar un cambio extraordinario a través del cual pude multiplicar mi capacidad de acción y de influencia en varios aspectos. Voy a describirte la técnica desde mi interpretación personal y desde mi vivencia; sin embargo, te animo para que investigues en diversas fuentes y completes tu propia interpretación de la herramienta. Aquí soy reiterativo, por favor no me creas, verifica desde tu experiencia.

¿Por qué considero la restricción tan valiosa? Porque a través de la gran cantidad de situaciones que nosotros vivimos, muchas veces respondemos de forma reactiva. Explotamos en ira o vinculamos lo que nos está pasando con una herida que aún no hemos sanado. Por ejemplo, es común que una persona que ha sido agredida a lo largo de su vida, interprete como agresión actitudes de los demás sin que éstas lo sean, están continuamente a la defensiva y reaccionan ante el más mínimo estímulo que les recuerde su herida. Al tener conductas reactivas, desperdiciamos el potencial que nos trae el problema a nuestra vida. ¿Qué quiere decir? Que las situaciones adversas que enfrentamos tienen un propósito y es devolvernos nuestra propia creación. Si tú la rechazas, agredes, te quejas, descalificas o atacas, la luz que trae la situación para ti se desperdicia, generando culpa, agotamiento y un profundo sentimiento de inadecuación. La *kabbalah* nos enseña a responder desde lo opuesto, por ejemplo, si tu impulso es gritar, guarda silencio, si tu necesidad es ser el centro de atención, evita hacerte notar, si tu reacción es de queja, agradece, si tu impulso es comerte esa torta de chocolate a las 10 pm toma agua y así sucesivamente.

Te explicaré para qué es la técnica de la restricción: piensa en un bombillo, este recibe la corriente y a través del filamento comienza a encenderse y a iluminar. Entonces, si el filamento resiste, la luz va a brillar mucho más y va a cumplir su función, que es iluminar. Para nosotros es también así, somos esos bombillos y los problemas, las situaciones difíciles, las personas molestas o tóxicas vienen a nuestra vida para entregarnos energía; si nosotros resistimos, la luz se queda con nosotros, entonces iluminamos, somos ese filamento que debe soportar la corriente para que pueda encenderse. Y esa luz se va a quedar con nosotros.

Pero si tenemos alguna conducta reactiva, ese filamento se va a romper y al romperse el filamento, ¿qué sucede? La luz se pierde. Busquen en la memoria todas las veces que han tenido situaciones difíciles y que han respondido de una forma negativa: han peleado, gritado, ofendido... ¿Cómo se han sentido al día siguiente? Con una gran resaca emocional que nos lleva a sentirnos culpables, nos sentimos mal con nosotros mismos, incómodos, incoherentes y nos lleva a desgastarnos. En cambio, si tú tienes y aplicas la técnica de la restricción y haces lo contrario, en lugar de agredir, de ofender, de defenderte, de patalear, haces lo contrario, la luz se queda contigo. Esto no es metafórico, es real, tu campo áurico se expande, tu potencial energético se expande.

La técnica de la restricción es en sí misma una herramienta grandiosa para que comencemos a dejar que la luz permanezca en nosotros. Imagina que, tu campo áurico es como una especie de globo, cada vez que aplicas la técnica a la restricción y evitas gritar, dejar salir toda tu reactividad, esa luz aumenta y se expande como el globo que se infla con el aire que le ingresa. Entonces, cuando tienes un sueño, una meta, y estás haciendo *El plan de los 21 días*, enfocado en la meta, inmediatamente tienes la luz necesaria para hacer ese sueño realidad, para manifestar salud, la paz tan anhelada en tu mente... Tendrás la energía para convertirte en una bendición para tantas personas, podrás irradiar esa belleza interior y conectar con aquello que tanto has anhelado. Deseo para ti que, si quieres, compres el carro de tus sueños o el avión, que te des gusto de la forma en la que lo decidas.

Es posible que al leerme pueda generarse esta duda en ti: entonces, ¿me callo todo y no digo nada, no reclamo mis derechos, no me defiendo? La técnica, la restricción es hacer lo opuesto a lo que normalmente harías. Por ejemplo, hice esta comida y le estoy preguntando a todas las personas *"qué tal les pareció la comida que hice*"; entonces restringe ese impulso y no lo hagas. No preguntes a los demás qué tal les pareció la comida. En silencio, sirve la comida y si te dicen que esta deliciosa, simplemente lo agradeces. Restringe tu necesidad de ser importante o de tener validación. Hoy está de moda hacer obras de caridad para la foto y los *likes*. Si vas a hacer caridad, hazlo en silencio. No te tomes la foto entregando el mercado, restringe tu necesidad de ser importante. Restringe las ganas que tienes de quejarte, de ser el centro de atención.

Ahora, responderé a la pregunta que surge de esta herramienta ¿Tengo que aguantar todo y quedarme callado? No, no tienes que aguantar maltrato, de hecho, la misma herramienta es un gran recurso para la resolución de muchos conflictos. De lo que se trata, vuelvo a repetirlo, es de hacer lo contrario. Esto es que, cuando te hayas calmado, planifica y busca esa conversación madura y responsable que tanto has evitado porque la rabia te ha enceguecido. Busca ese espacio de intimidad y desde la calma, haz el reclamo que tienes pendiente, haz la pregunta que no has hecho. Usa el amor y el respeto para solucionar los conflictos, sobre todo, cuando sientas que la otra persona no se lo merece.

Vamos a hacer una práctica para que comiences con tu transformación, vamos a prepararnos y anticiparnos a esas situaciones que nos han robado paz, para que pierdan ese poder. Escoge un tema en particular o una persona, y cuando sientas que lo has superado, puedes cambiar a un siguiente tema para que así vayas transformando tus conductas reactivas y puedas aplicar con mayor maestría la técnica. Recuerda grabar con tu propia voz la siguiente meditación muy despacio.

Cierra los ojos, quiero pedirte que, por favor en tu mente, comiences a observar que estás enfrente de esa situación o esa persona que te hace perder la paz. Quiero pedirte que por favor evalúes tu sentir hacia ella, califica con 10 "me siento muy feliz de estar contigo"; con 2 o 1: "me siento mal e incómodo de estar contigo". Visualiza a esta persona o situación, mírala, comienza a visualizar que esta persona tiene las conductas habituales, esas conductas que te sacan de casillas, que te roban la paz. Mientras observas las conductas habituales, comienza a sentir ese malestar hacia ella, esas ganas de responder, de ofenderte, de desquitarte o hacer lo que siempre haces: responder reactivamente. Ahora, visualízate bendiciendo a esta persona. Repite después de mí:

"Hoy te agradezco y bendigo tu conducta. Hoy yo te honro porque a través de ella puedo generar muchísima luz, y a través de esto, lograr mis sueños. Bendigo tu vida y bendigo las conductas que he juzgado de ti y te doy las gracias por ser un gran entrenador en mi vida".

Sonríe, dibuja una sonrisa en tu rostro porque triunfaste, esa persona ya no es dueña de ti, no es dueña de tus conductas reactivas, ya no tiene poder para sacarte de tu centro. Has aprendido a ser inofendible con esta persona. Esto será un motivo de felicidad para ti, de muchísima felicidad. Ahora visualiza cómo esta persona se va desvaneciendo lentamente, respira profundo, y cuando te sientas lista, cuando estés preparado, vas a regresar y vas a abrir los ojos.

¡Maravilloso! Dimos el paso previo para tu entrenamiento en la técnica de la restricción. Ojalá aprendas a utilizarla hasta que se convierta en algo automático, transparente y puedas dejarla fluir a través de ti sin ningún tipo de esfuerzo, hasta que controles tus conductas reactivas; esto te va a ayudar a tener luz y poder. Tendrás la capacidad de abrir puertas que estaban cerradas. Eso es lo que vas a lograr. Vamos a enfocarnos en esa frase el día de hoy.

"Yo soy más grande que todas las pruebas que vienen a mí. Siempre respondo en amor y sabiduría".

Día 16

"Suelto en armonía a las personas o situaciones que ya no son coherentes con mi paz y mi prosperidad".

Es nuestro día número 16 de *El gran reto de los 21 días*. Ayer te compartí una de las herramientas más poderosas, mi favorita en el contexto de preservar la luz.

Espero que la hayas puesto en práctica, porque los resultados serán evidentes en este proceso. Lo importante no es lo que conseguimos, sino en quién nos convertimos en función de cada uno de los aprendizajes, de cada esfuerzo y, de cada una de las personas que contactamos en el proceso. Es grandioso ver cómo nos vamos transformando poco a poco.

Quiero pedirte por favor, que te acuerdes del primer día. No importa que te haya tocado comenzar otra vez, por favor recuerda todo lo que has atravesado y todo lo que has crecido en estos 16 días. Abrázate, date una caricia, una palmadita en el hombro, lo estás haciendo bien. Reconócete, reconoce, que lo estás haciendo bien, que, aunque ha sido un proceso desafiante que te ha llevado a ver las cosas de otro modo de interpretar la vida, este proceso está rindiendo sus frutos, porque estás juzgando menos, estás consciente de que había patrones en tu ser que te estaban estancando y obstaculizando tu proceso; esos patrones indudablemente han sido una carga emocional. Te sientes más ligero, estas caminando y avanzando con mayor agilidad, con mayor enfoque.

Voy a hacerte un resumen de lo que se necesita para la construcción de tus sueños: Lo primero, es tener un sueño o meta, para eso hiciste una carta. En este punto, tal vez estás reconociendo que hay cosas que ya no te interesan. A lo mejor al leer todos los días y escucharte pensarás: *"bueno, yo escribí esto, pero la verdad ya no es tan importante para mí"*. Es legítimo que lo borres de la carta y que ya no lo sigas leyendo, si no quieres prestarle atención. Aquí lo importante, es tener el sueño al que tú estés dispuesto a dedicarle energía y atención, en el que estés dispuesto a concentrar todo tu poder para que se concrete. Lo significativo de este proceso no es tener muchos sueños, metas o propósitos; es saber y tener el foco claro, sobre aquello en lo que estás dispuesto a invertir y darlo todo.

Lo segundo, es tener la energía suficiente para avanzar e ir en función de ese sueño, esto lo compartí ayer en el día 15; esa energía que conseguiremos gracias a la técnica de la restricción. La energía está presente en diferentes ámbitos y tiene también diversas fuentes. En el caso de la energía física, su fuente, es la buena alimentación, entonces, la restricción de carbohidratos en la dieta y la eliminación, o si es muy difícil la disminución, en el consumo de azúcares, es muy importante. Alimentarse de manera sana es fundamental dentro de este proceso, porque está demostrado y lo he verificado, que las harinas y el azúcar en mi organismo eran la principal causa del cansancio y falta de creatividad que me afectaban. Después de cuatro años de haber disminuido su consumo en un 95 % puedo dar fe del cambio en mi cuerpo y mis niveles de energía. Si tú no tienes adicciones al alcohol o a determinadas sustancias, tu proceso de pensamiento será más equilibrado y eso te va a ayudar.

En este proceso de concretar y de realizar tus sueños, te voy a hablar de una idea que he ido entregando en pequeñas dosis en los diferentes capítulos, su importancia radica en que a través de esta idea vas a abrir la compuerta espiritual; te la resumiré en esta frase que me encanta: ***"creer en ti es darle permiso a Dios para que haga realidad tus sueños"***. ¿Puedes ver los simple y profunda que resulta esta frase? Vas a revisarte en función de qué tanto o de cómo crees en ti. Creer en ti, es vivir con la certeza de tu capacidad de ser, de hacer y de tener. Es comenzar a amarte y a mirarte en las diferentes dimensiones de lo que eres, y no importa si en algunas de esas dimensiones no te gusta lo que ves, comienza a quererte, a valorarte y a respetarte, eso es aprender a creer en ti, en tus virtudes, en el potencial que tienes para desarrollar tus talentos y los dones que aún no has manifestado. Creer en ti, es también dejar las excusas y renunciar a pensar que no eres o no has logrado tal propósito, porque hay una cosa que te lo impide o una fuerza externa que no te deja evolucionar. La gran respuesta es: NO. Lo único que te impide lograr tus sueños es que no te has hecho correspondiente con ese proceso.

Mientras escribo, llega a mi mente una recomendación para hacerte y es que veas dos documentales que considero necesarios para complementar nuestro proceso de creación. El primero se llama **El secreto** de Rhonda Byrne. Este documental muy famoso y cuestionado, por cierto, fue retirado de la plataforma YouTube, pero puedes encontrarlo en Netflix. Debes fijarte que sea el documental, porque también está la película, que es una historia bonita, pero no profundiza en el tema central. El documental El Secreto, es extraordinario; si no lo has visto, por favor inviértele tiempo. ***What the bleep do we know***, es el título de la otra recomendación para que veas, este es un documental sobre física cuántica, allí vas a descubrir a través de grandes científicos, cómo funciona el campo cuántico y cómo el campo cuántico obedece a lo que nosotros le estamos diciendo; esto corroborado a través de experimentos científicos. También verás cómo funciona el cuerpo humano y la correlación de las emociones con el proceso de enfermarnos, es un documental narrado de manera magistral, con animaciones didácticas y ejemplos del mundo científico.

Aprender a creer en ti mismo es uno de los grandes logros dentro del proceso de tu desarrollo personal y de la consecución de tu inmortalidad a través de la ascensión y la iluminación, que son dos metas previas para la liberación y el triunfo de tu alma. Aprender a creer en ti, es hacer caso directo a la gran enseñanza del maestro Jesús: ***Ama a tu prójimo tanto como a ti mismo***; pero hay algo que dificulta el cumplimiento de esta petición y es que no conocemos lo que es realmente el amor, y nuestra mente está enfocada en criticar a todo y a todos… nada más alejado del amor.

No puedes amar a Dios cuando vives criticando a tu prójimo, vives enfrentándote con éste y mucho menos vas a amar a tu prójimo, si no te has aprendido a amar a ti mismo. En el proceso del verdadero amor hacia Dios, nuestro deber es aprender a amarnos a nosotros mismos, aprender a honrarnos, a reconocernos, aprender a vernos en todas las dimensiones de nuestro ser; y es desde ese lugar, cuando podemos aprender a amar al prójimo, a reconocerlo, a verlo en todas sus dimensiones, en su oscuridad y en su luz, y desde allí, reconocemos que ese ser es perfecto, aunque no me muestre su luz. Y por supuesto, a partir de allí puedo aprender a amar a nuestro Dios, a ese ser insondable, magnífico y eterno, que tiene tantas definiciones y tantos significados.

Aprender a creer en ti es el inicio de un proceso trascendental: creer en ti implica amarte, tener absoluta confianza en ti y estar en paz con tu capacidad de cometer errores o de tener éxitos. Creer en ti implica mirarte con profunda compasión y esperanza. Por esto, la invitación que quiero hacerte el día hoy es para que te mires al espejo y comiences a honrarte, mirándote a los ojos di: "***Hoy yo creo en mí, hoy yo me amo. Hoy yo reconozco que soy capaz, que soy valioso, que tengo el derecho de saber lo que no sé, de tener lo que no tengo, de ir a donde nunca he ido. Tengo el derecho de vivir en esa paz que tanto he anhelado. Tengo el derecho*** *de que mi voz se escuche en el mundo entero".*

Esto es lo que te vas a decir, grábalo en el inconsciente. ¡Haz que tu voz sea escuchada! No puedes darte el lujo de irte de esta experiencia humana con tu música adentro, necesitas dejar salir esa música y comenzar a tocarla para que todos bailemos al son de tu música, al son de tus palabras, de tus obras, de tu realización. Esto es lo que vas a lograr.

Repítelo todos los días, también perdónate todos los días y reconcíliate a diario contigo, para que estés en paz con tu luz y con tu oscuridad.

A continuación, vamos a meditar, grábala con tu voz, léela despacio y usa tu música favorita cuando la practiques. Aunque es para el día de hoy, puedes hacerla todos los días si lo deseas, hasta que se materialice tu deseo.

Cierra los ojos en este momento, quiero pedirte que tomes una inhalación profunda.
En esta inhalación profunda, quiero invitarte a que sueltes cualquier expectativa de lo que vamos a hacer. Imagina que estás en ese lugar donde tus sueños comienzan a hacerse realidad. Y ahora vamos a practicar el arte de la visualización, si te causa dificultad, ver, no te aflijas por esto, simplemente déjate guiar por mi voz. Si necesitas el apoyo de imágenes en algún momento, puedes buscarlas en tu computadora o en el teléfono para que cuando hagas tus visualizaciones, las hagas con los ojos abiertos, mirando aquello que quieres. Quiero pedirte que

vayas a ese lugar en el futuro cercano, donde tus sueños se están haciendo realidad. Respira profundo y comienza a sentir la magnífica presencia de ese sueño realizado. Siente la temperatura, el olor de ese momento, siente cómo esa fragancia te llena y se impregna en todo tu cuerpo. Ahora, vas a sentir la energía de ese lugar y en este instante, comenzarás a sentirte muy poderoso, muy fuerte, siente que ese poder, ocupa tu mente, tus extremidades, siéntelo intensamente y mientras sientes ese poder, verás y sentirás la presencia de las personas que están allí disfrutando de este éxito contigo, obsérvalos felices: te sonríen, te abrazan, te felicitan.

Vas a repetir después de mí: *"Hoy he tomado la decisión de creer en mí. Hoy invoco todo el poder de mis ángeles para que se alineen con este sueño. Hoy reconozco la magia en mi vida y esa magia es la presencia de Dios que hay en mí. Hoy yo creo totalmente en mi capacidad de crear, porque reconozco que soy capaz. Hoy yo reconozco mi capacidad de aprender, porque valoro la grandeza de mi ser. Hoy yo creo, yo merezco, yo soy capaz. Hoy yo creo, yo merezco, yo soy capaz. Hoy yo creo, yo merezco, yo soy capaz. Y lo acepto hecho aquí y ahora. En el pleno poder de la luz de Dios que nunca falla. Yo Soy el que Yo Soy. Está hecho, está terminado, está sellado.*

Respira profundo, muy profundo, eso es. Sonríes en tu interior, le sonríes a este sueño, a la grandeza de tu ser. Le sonríes a la presencia de Dios que, al comenzar a creer en ti, ella comienza a obedecer a cada una de tus intenciones para la creación de un mundo magnífico. Tomas una respiración y cuando te sientas lista, cuando te sientas preparado, vas a regresar.

Ten un día maravilloso.

DÍA 17

"*Aquí y ahora soy consciente del poder que tengo para transformar mi vida*".

Bienvenidos a nuestro día 17 de *El plan de los 21 días*. Espero que le hayas sacado mucho provecho a la lectura de ayer y que estés practicando la restricción y además conteniendo esos impulsos reactivos y las ganas de explotar.

La gran meta del Plan, es dejar de ser creadores inconscientes, para convertirnos en creadores conscientes y que esa nueva realidad, sea constante, se consolide en nosotros y dejemos de vivir en esa montaña rusa en la que estamos en un pico y después nos hundimos. Para eso estamos haciendo la labor en el orden adecuado: hemos trabajado el aspecto espiritual, luego el emocional, la inteligencia relacional y también los elementos esenciales para generar paz. Desde este lugar y aprendizaje construirás tus sueños; desde la paz te conectarás con la grandeza de tu ser y con lo grandioso que es estar vivo en este momento. Tal vez estás pasando por situaciones difíciles en las que se te dañan las cosas, aunque es incómodo, esto es parte de un proceso de depuración, de soltar lo viejo para conectarnos con la expansión y con lo nuevo, con lo que va a venir de forma inevitable. Si tú quieres que las cosas cambien en tu vida, necesitas cambiar y soltar algunas cosas, es un hecho del que no podemos escondernos.

Resulta a veces inevitable perder aquello a lo que nos aferramos para poder avanzar. La gran mayoría de las personas no logran sus sueños simplemente porque están habituados a la forma en la que viven y no están dispuestos a cambiar, son adictos a los viejos sistemas y a la rutina.

Una herramienta que te ayudará a adaptarte a la nueva realidad y soltar lo que quieres dejar atrás, es la visualización, que es muy poderosa para sanar y para que nos conectemos con esa grandeza y con la realidad de lo que queremos cocrear. ¿Cuáles son los elementos esenciales y claves de la visualización? Lo primero es que estés en un estado emocional adecuado de tranquilidad, además, en un ambiente que facilite el proceso, donde haya silencio, privacidad, olor y temperatura agradables. También, es muy importante que tengas el objetivo claro de lo que quieres visualizar y si se te dificulta la visualización, puedes apoyarte usando imágenes en tu teléfono que puedes mirar antes de comenzar tu práctica. No te preocupes si eres más auditivo o kinestésico que visual, si eres capaz de mirar una imagen durante bastante tiempo, ya genera en ti un resultado similar al de la meditación.

La visualización es importante porque va adaptando a tu mente a aquello que quieres lograr, crear o manifestar. Todo lo que deseas ya existe y existe en una frecuencia que aún estas en proceso de sintonizar; la mejor verificación para saber que existe, es que otras personas están cumpliendo los sueños que tú quieres lograr.

Para que logres una visualización más completa, contempla todos los detalles, es decir, fíjate en aumentar la intensidad de los colores de lo que estas observando, si es posible para ti, que sean nítidos y brillantes; también en el olor u olores que te gustaría percibir en ese momento; siente el clima, la sensación térmica, el aire, el viento, la brisa, enfócate en sentir hasta lo más mínimo. En el contexto de la ubicación, la cercanía es muy importante, por ejemplo: si quieres un automóvil y lo quieres nuevo, visualiza el color, el modelo, la marca, exactamente el carro que quieres; visualiza que sientes el volante en tus manos, respira el olor a nuevo, siente el cuero de la cojinería, siente los detalles, cómo hundes el acelerador, cuando pisas el freno, cómo inicias y comienzas a manejar y a sentir la sensación de paz, la sensación de júbilo de estar viviendo esa experiencia, intégrate a la experiencia completamente, y mientras estas allí, enfocado en la visualización puedes recitar frases de gratitud o algún mantra que te guste, puedes decir también: ***"agradezco porque esto ya es una realidad, entrego esta petición a Dios y la suelto"***.

Aunque estás invirtiendo tu energía en atraer, es importante que no estés apegado al resultado, hay una lección trascendental y es que, si lo que estás buscando manifestar lo necesitas para ser feliz o sentirte realizado, entonces, la misma necesidad de tenerlo, será la que aleje o retrase la manifestación, de lo que deseas. Una de las grandes lecciones espirituales de la prosperidad, es aprender a ser felices con lo que tenemos, con lo que hacemos y con lo que somos. Si no hemos logrado aún este nivel de conciencia, es porque nos falta valoración o gratitud.

No estoy sugiriendo que vivas en resignación al no necesitar lo que aún no tienes, mi sugerencia es que te enfoques en ser feliz con lo que ya eres, haces o tienes, para que, desde ese estado de sentirte completo, no busques tus sueños desde la carencia si no desde la paz resultante de saberte uno con el todo, de sentirte merecedor. Recuerda que ya eres todo lo que sueñas, y si el foco de tu atención está en agradecer y bendecir tu estado actual y no en quejarte, estarás sintonizado con la abundancia de una forma más amplia y permanente. Vivir en abundancia se siente como cuando aprendes a nadar o manejar bicicleta o automóvil, sabes que dependes de ti y que serás capaz de disfrutar cada nueva oportunidad de salir al mundo, confiando en ese nuevo talento ya adquirido. Si deseas ser próspero y abundante debes estar preparado para recibir algo mejor de lo que has pedido.

Con mucha frecuencia cuando hacemos los encuentros premium, de nuestro *Plan de los 21 días* en la versión guiada por *Whastapp*, (son tres encuentros el 7, el 14 y el 21 de cada mes, donde me reúno durante una hora para responder preguntas a los asistentes. Si deseas participar, no dudes en escribirme al número que está al final de este libro), los asistentes comparten que después de algunos días de haber iniciado el plan guiado, desean reescribir su carta. Esto es debido a que, en el nivel de comprensión de sus propias vidas, aquello a lo que le daban importancia, ya deja de tenerla y esas cosas que tanto deseaban, van quedando a un lado, dando paso a cosas diferentes que se adaptan más a su nueva compresión de sí mismos. Quiero decirte con esto, que es común que, al lograr alguna meta, las personas sienten ese vacío que el éxito no puede llenar. Es paradójico, pero la verdadera felicidad (o al menos un estado más profundo de felicidad) llega de la valoración, más que del cumplir metas o lograr tener cosas. Puedes no estar de acuerdo conmigo, pero es muy curioso que cuando llegamos a lo más alto, nos damos cuenta de que lo importante no es lo que logramos, es en quién nos convertimos y quién nos ha acompañado en el proceso. Un estado elevado se puede descubrir cuando valoras las cosas cotidianas que no se pueden comprar: poder respirar, tener a tus seres amados contigo, poder recibir y sentir su amor y maravillarte con las cosas simples de la vida.

Voy a compartirte una herramienta adicional de visualización que puede potenciar tu capacidad de sintonizar con aquello que deseas manifestar. Recuerda que al inicio de este día 17, te di herramientas para visualizar.

Retomando el ejemplo del automóvil, llegamos hasta ese momento donde te viste sintiendo la experiencia de manejar el auto con todas las características, por ejemplo, la sensación del volante, el clima, el olor, la compañía etc. Es el momento de llevar la visualización a un nivel superior. Después de sentir lo que se sentiría estar en el auto, ahora ¡Te convertirás en el auto!, es decir, ya no tienes dos pies, ahora tienes cuatro ruedas, ya no tienes dos ojos, tienes dos lámparas, ya no tienes corazón, tienes un motor, el motor del carro de tus sueños.

Tú eres ese automóvil llevando a tu familia, recorriendo esos caminos, sintiendo la alegría de ser ese carro nuevecito, el lujo, el confort. Y, por ejemplo, si lo que deseas manifestar es una casa, tú eres esa casa con la panorámica a la ciudad que tanto quieres. Visualiza que estás allí, en esa montaña deliciosa, fresquita, llena de vegetación, llena de vida, llena de todo lo bonito que tú desees, recibe los rayos del sol. Mientras eres esa casa, tú mismo como casa, tú misma como casa, disfruta de la vista, de sus interiores, de los amplios pasillos, recorre las habitaciones, los baños, los puestos de estacionamiento, sabes que tienes todo lo necesario, los lujos y las comodidades para disfrutarte. Eres maravillosa, eres la mejor casa, la casa más hermosa y la que tiene la vista más hermosa; también eres la casa más segura y protegida, eres la casa de tus sueños.

Este es el salto que darás para potenciar el ejercicio de visualización, a esta técnica la podemos llamar proyección. Nos proyectamos directamente y nos convertimos en el objeto deseado. Por otra parte, si tu objeto deseado es una pareja, conviértete en esa pareja, visualízate a ti mismo dándote besos, disfrutando de lo bonito que es estar contigo. Aquí encontramos una razón muy importante para estar reconciliado contigo mismo, porque imagínate que no quieres estar contigo. ¿Quién va a querer estar contigo? Exacto, nadie.

Si quieres aprender a hablar en público, visualiza que eres el mejor o la mejor hablando en público. Y, si tu sueño es que cuando hables en público, la gente te va a aplaudir, te convertirás en el público aplaudiéndote, te vas a convertir en la ovación que recibirás. Enfócate en eso.

Desde esa perspectiva le das más poder a tu visualización porque te conviertes en el objeto visualizado.

Recuerda siempre esto: tus sueños, y metas, deben ser para ti, deja de visualizar cosas para los demás, sé que puede sonar egoísta, sin embargo, detrás de esta propuesta hay un profundo proceso espiritual. Lo mejor que nos puede suceder, es lograr las cosas por nosotros mismos, de hecho, esa es una de las razones por las cuales nacemos en este planeta, para tener la capacidad de lograr la maestría de la materia, uno de los elementos centrales de esa maestría es lograr vivir en prosperidad, esa es una de las últimas materias que se deben aprobar antes de nuestra graduación.

Repite el día de hoy varias veces esta frase:

"Yo Soy un creador consciente, atraigo a mi vida, abundancia y prosperidad.

Que tus sueños se hagan realidad.

Día 18

"Administro sabiamente mis recursos, soy capaz de mantener y aumentar mi riqueza".

Llegamos al día número 18 en este viaje maravilloso llamado *El gran reto de los 21 días.*

El tema de hoy es la relación que tenemos con el dinero. Es vital en tu proceso que identifiques de qué forma te has relacionado con el dinero en el pasado y de qué forma lo estás haciendo hoy. La experiencia me ha llevado a identificar tres conductas clave en la manera como nos relacionamos con el dinero:

La primera forma es desde el rechazo. es común cuando crecemos en un ambiente de escasos recursos, observar con recelo a las personas que tienen lo que nosotros no. Con frecuencia escuchamos a los mayores referirse a las personas con dinero desde el juicio negativo en un afán de encubrir y justificar su propia carencia. Otorgan a las personas adineradas características negativas, muchas veces como resultado de alguna interacción en la que no recibieron lo que querían de ellos. Dicen cosas como: *"ese tipo es un miserable"*, *"el jefe se queda con todo el dinero, mientras nosotros solo trabajamos y recibimos las sobras"* y los más pequeños en su inocencia aceptan estas frases sin siquiera tener la oportunidad de cuestionar la veracidad de lo que los mayores están afirmando. Sentir rechazo por el dinero o por aquellos que lo tienen, es una de las causas más frecuentes de la mala relación con el dinero y lo que está detrás de quien vive en la pobreza.

La segunda forma es cuando nos relacionamos con el dinero desde la dependencia, hacemos de este, el centro de nuestra vida y en nuestra escala de valores, ocupa el primer lugar. Fácilmente, las personas que se relacionan así pueden caer en la avaricia o en la delincuencia. Los cementerios y las cárceles están llenas de personas que han vivido en función del dinero. Otros más afortunados logran tenerlo, pero a costa de sus relaciones o su salud logran la abundancia económica, sin embargo, no desarrollan relaciones significativas o sus heridas de la infancia aparecen de forma periódica para evidenciar el vacío interior que pretenden llenar con dinero.

La tercera forma es a través de las contradicciones, aunque hagamos las cosas lo mejor posible, el dinero se esfuma o no llega con la suficiente abundancia, incluso hay personas que me dicen: *"Humberto, a mí el dinero no me rinde, no me alcanza"* y cuando les pregunto cuánto ganan, me doy cuenta de que la razón por la cual no les alcanza, es porque ganan poco, pero en su mente piensan que es mucho; muchas personas piensan que con que les dupliquen o tripliquen el sueldo estarán satisfechos, sin embargo la realidad es que tienen el umbral de la riqueza muy bajo. Para que te hagas una idea de que estás ganando lo que te mereces, lo sabrás cuando puedas cubrir tus gastos con el 50 % de tus ingresos y el restante, te queda para ahorrar, invertir o darte gustos. Esto no solo tiene que ver con cuánto dinero ganas, tiene que ver con cómo administras tus gastos. Si eres del tipo de persona que siente más placer gastando que ahorrando, tenderás a obtener deuda mala. La deuda mala es aquella que usas para comprar productos o servicios que son un gasto, por ejemplo: viajes, ropa de lujo, diversión etc. La deuda buena es aquella con la cual compras herramientas de trabajo, te educas o haces inversiones que te permitirán hacer crecer tu negocio.

La contradicción tiene que ver con varios ámbitos, primero la ignorancia en cuanto a la administración financiera. Tal vez me has escuchado decir que todo ser humano debe ser experto en estos temas: ventas, negocios, hablar en público y educación financiera. Tener un presupuesto es vital, saber usar las tarjetas de crédito para que sean un recurso y no una carga también.

El otro ámbito de la contradicción es lo que denomino el autosaboteo, que es la tendencia a ser nuestros propios enemigos sin saberlo. Por ejemplo, cuando no tienes dinero y te endeudas en diversión, aun sabiendo que no tienes como pagar; le prestas dinero a alguien confiando en esa persona, para después darte cuenta de que perdiste el amigo y el dinero o te deslumbras con algún lujo y lo compras a crédito. Mucho de lo que hacemos lo heredamos, copiamos las conductas y el destino de nuestros padres, actuamos en piloto automático y muchas veces, solo nos damos cuenta cuando estamos hasta el cuello de deudas.

¿Cuál es tu forma de relacionarte con el dinero? ¿Cómo lo has hecho hasta ahora?

El dinero es neutro sin embargo de acuerdo con la forma como se obtiene, tiene dos posibles significados para la persona: el dinero con luz que es aquel que llega a tu vida como resultado de tu creatividad, talento, de entregar tus dones al mundo, del trabajo honesto, de tus inversiones y ahorro.

El dinero sin luz, es todo aquel que resulta de actos delincuenciales, ludopatía, herencias en donde hubo conflictos y dolor. El dinero sin luz se va de forma fácil e imprevista, no se queda con la persona que lo tiene, e incluso ese mismo dinero suele estar asociado a los principales conflictos que vive esta persona.

Le puse el nombre de dinero con luz y dinero sin luz, pero quiero reafirmar que el dinero es neutro, los efectos en la persona que lo obtiene son solo responsabilidad de esa persona, no del dinero.

He observado que la mejor forma de relacionarnos con el dinero es desde el respeto, es importante reconocer su valor, apreciarlo y administrarlo bien sin caer en la idolatría. Tal vez la mejor forma de entenderlo, es pensar en él como algo natural, como el aire que respiramos. Somos conscientes de que el aire está en abundancia, que solo tenemos que inhalarlo y llenará nuestros pulmones. Cuando logramos estar en ese estado de comprensión llegamos a la **certeza**, ya no estamos en carencia ni en necesidad, sabemos que está, que es un regalo natural para nosotros y podemos vivir en, y a través de él.

Vivir en la certeza de que todo lo que sucede es una bendición para nuestro bien, aunque al principio no nos guste o nos duela, es un estado al que debemos aspirar, pues cada situación y vivencia es un peldaño en esa escalera a la transformación de nuestro ser en la luz que somos y que, si usamos con humildad cada aprendizaje, podremos llegar al siguiente nivel del proceso al que estamos destinados: convertirnos en un canal para la manifestación de Dios en la tierra.

Si has pensado que el dinero es la causa de todos los males, quiero decirte esto: el dinero solo revela lo que ya habita en tu interior, muestra los verdaderos valores de quien lo posee o de quien no lo tiene.

Aprender a relacionarnos con el dinero, está asociado en la manera como nos relacionamos con nosotros mismos, según sea el vínculo contigo, potencias o debilitas el acceso al dinero en tu vida. Es más viable para una persona que cree en sí misma, se respeta y se acepta en las diferentes dimensiones de su ser, tener mayor acceso a recursos; esto, debido a que su energía la usa en el acto creativo y no enfoca su tiempo en sentirse mal consigo misma. Rechazarte es igual a pretender que el auto que estas manejando avance pisando el freno y el acelerador a la vez.

Sé que hay excepciones a la regla, que hay personas que no están bien consigo mismas y aun así tienen dinero, sin embargo, es probable que no hayan sido ellas mismas las que lo han generado y si alguno lo ha generado, es por un don excepcional, tal vez artístico o como resultado de una capacidad intelectual superior al promedio.

Quiero sugerirte estos pasos para que te relaciones mejor con el dinero:

- Busca información sobre inteligencia financiera en diversas fuentes, asegúrate que sean personas coherentes y que demuestren sus resultados.
- Dedica tiempo y recursos a tu sanación emocional, aunque creas que no lo necesitas. Seguro encontrarás procesos en el inconsciente que, al revisarlos y sanarlos, pueden apoyarte a la expansión de todas las áreas de tu vida.
- Bendice la abundancia en todo, bendice a aquellos que tienen dinero, aunque tu ego te diga que no se lo merecen, bendice la riqueza en todo y en todos, enfócate a diario en agradecer esa riqueza, aunque no esté presente en tu vida.
- Acostúmbrate a tener contigo uno o dos billetes de alta denominación, tenlos en tu cartera y si tu mente te hace sentir en peligro por cargar ese dinero, repite esta frase: ***El dinero es mi aliado y llega en abundancia, su presencia en mi vida es una bendición y un hermoso regalo de Dios.***

- Cuando una persona te esté hablando de pobreza o de una forma negativa, no trates de convencerle de que está equivocada, en tu mente bendícela y aprende de esos miedos que te está mostrando, tal vez, te está proyectando o mostrando miedos que aún yacen en alguna parte de ti.

- Bendice tu dinero todos los días si es posible, puedes hacer esta corta afirmación: ***Bendigo el dinero que tengo, el que viene a mí, bendigo a las personas que lo traerán a mi vida. Bendigo el dinero que merezco y todos los días lo atraigo en abundancia y de formas inesperadas.***

- Sonríele al dinero, cuéntalo, revisa tus cuentas y aunque tengas poco, agradécelo y reconoce todos los días que mereces aún más, en donde pones tu atención allí estás tú y en eso te conviertes.

- Suelta la necesidad de resolverle la vida económica a los demás, a tus padres, hermanos, hijos o amigos. Si te cargas de procesos ajenos, verás que el dinero se hará más esquivo. Uno de los procesos más lindos en la vida es aprender a valernos por nosotros mismos y ser capaces de generar la abundancia. En el caso de tus hijos, muestrales el camino y dales las herramientas para que lo atraviesen, no los lleves cargados.

- Enfócate en aprender todos los días un poco más sobre aquello que haces: agregar valor y ser capaces de resolver problemas, son las 2 fuentes más eficaces para atraer y manifestar la abundancia.

- Dedica un tiempo para relacionarte con personas visionarias de las que puedas aprender de sus experiencias. La forma de pensar de la persona que tiene resultados, es muy diferente a la forma de pensar de la persona que está esperando un subsidio del gobierno.
- Enfócate en elevar tu termostato del dinero, es decir, duplica tus aspiraciones, duplica creer en ti, duplica tus inteligencias, tu merecimiento. Esto es algo que harás por el resto de tu vida y no debes sentirte mal por ampliar tu ambición. La naturaleza de la vida es el crecimiento, todo crece y si en el ámbito económico no estás creciendo, estás en riesgo. Una creencia común en la mayoría de las personas es pensar que, si quieres más, estás en un error. El verdadero error es tener esta creencia contigo. En la medida en la que creces, sirves más, e inundas al mundo del buen ejemplo de tus obras y tus resultados. El gran riesgo es ser incomprendido, pero, que los demás te comprendan es lo que menos debe importarte, ellos no pagan tus gastos. Lo que sí puede hacerte daño, es la avaricia que se genera por no valorar y agradecer lo que ya has logrado, sentirte superior a los demás y vivir únicamente en función del dinero y no de las bendiciones que este trae a tu vida.

En este punto, quiero pedirte que grabes con tu voz la siguiente meditación. Puedes hacerla todos los días, ojalá durante nueve días e idealmente por 21 días. Usa la música de tu preferencia y léela lentamente, gradualmente iré subiendo a las plataformas digitales las meditaciones si prefieres escucharlas con mi voz.

Toma una respiración lenta, suave y profunda y mientras respiras, quiero invitarte a que sueltes cualquier expectativa. Comienza recordando el momento en el que te sentiste en mayor escasez de dinero, en mayor pobreza. Visualiza ese momento, míralo y se consciente de lo que sentiste en ese momento. Esa sensación de vacío o de miedo. ¿Qué fue lo que sentiste? ¿Qué sucedió dentro de ti en ese momento? Ahora, te invito que repitas en tu mente mientras recuerdas ese momento:

"Hoy yo bendigo este momento que viví, hoy yo suelto la emoción que se quedó grabada en mí. Bendigo este momento que viví y suelto la emoción que cargué. Aprendí lo necesario. Aprendí lo que tenía que aprender".

Experimenta cómo esas sensaciones que tenías, comienzan a irse en cada exhalación; despacio, suelta la tristeza, el miedo se va con cada exhalación, hazlo varias veces. Puedes ver cómo esa energía oscura de dolor sale de tu cuerpo, poco a poco. Pon tus manos sobre las rodillas, voltea las palmas hacia arriba y observa cómo en lo alto, hay un sol radiante, tal vez a 100 metros de altura y de 100 metros de diámetro, ve cómo desciende hacia ti lentamente y cuando está cerca de tu cabeza, siente la luz y la tibieza de este sol sobre ti. Ahora, observa cómo caen monedas de oro en tu mano derecha y monedas de plata en tu mano izquierda. Estas monedas de oro y plata generan el equilibrio del yin y el yang, el equilibrio perfecto, el alfa y el omega de la prosperidad, el principio y el fin en ti. Tú lo contienes todo y tu universo contiene esta prosperidad. Esas monedas caen en abundancia y colman tus manos, caen al suelo y sientes la alegría de estar recibiendo esta bendición sobre ti, estás en paz y dejas que caigan al suelo. Tu oración en este momento es gracias, gracias, gracias, gracias, gracias. Ahora, repite: ***"Estoy en paz con la riqueza del mundo y acepto que todo es perfecto. Estoy en paz con el dinero y es natural en mi vida, vivo totalmente en abundancia"***.

Ahora, visualiza que el extracto de tus cuentas de banco, se duplica, agrega varios ceros a esa cuenta. Tú eres el banco, tú eres la cuenta de banco, te multiplicas a ti mismo; dices "gracias" mientras te estás multiplicando, ves cómo se multiplica el dinero que tienes en efectivo, mira los fajos de billetes y agradece: gracias, gracias, gracias. Las monedas de oro y de plata siguen cayendo en tus manos y sigues diciendo "gracias, gracias, gracias". Ahora, perdónate y di: "***Hoy yo me perdono por el uso inconsciente que hice del dinero, lo bendigo y lo acepto, hoy estoy en paz con la riqueza del mundo. Gracias, gracias, gracias***". Ahora respira profundo y cuando te sientas preparada, cuando te estés listo, respira, respira esa abundancia. Ya eres abundancia, eres la manifestación de la abundancia aquí y ahora.

Poco a poco regresa, regresa sintiendo esa abundancia en tu vida. A tu propio ritmo y velocidad, abre los ojos.

Recuerda que puedes repetir esta meditación todas las veces que quieras. Lo importante es que tengas presente que el dinero es tan natural como respirar. Que no es algo que está lejano de ti, es algo que te pertenece. Mereces esa abundancia, mereces crecer. Recuerda que el crecimiento lo da Dios. No tienes que enfocarte en el cómo, inicialmente enfócate en el qué; Dios se encarga del cómo: cómo atraer a las personas adecuadas, cómo atraer los negocios apropiados abre tu mente y di gracias cuando recibas, cuando pagues. Gracias, gracias, gracias.

Hoy vamos a enfocarnos en esta frase de rescate:

"Yo soy merecedor de la abundancia infinita de la cual soy heredero".

Día 19

"Hoy expando mi luz, mi centro de poder, mi conexión con la grandeza es permanente".

La vida es un resultado, es el resultado de lo que piensas, sientes, dices, haces y de tus valores. También, es el resultado del destino, de lo que te falta aprender, de lo que te falta vivir. Es decir, tanto si actúas como no, estás sembrando un resultado y eso es lo que cosecharás. Hay cinco resultados esenciales y centrales que fortalecen el equilibrio de la vida del ser humano. Si alguno de esos resultados falta, podríamos decir que estamos fallando al propósito de tener ese equilibrio en nuestra vida.

El primero, es la **paz**. Que llega como resultado de tomar las decisiones coherentes y correctas con tus valores, tu propósito, tu misión y con la función que tienes aquí en la tierra. La paz es el gran tesoro que todos los seres humanos debemos cultivar y buscar. Es en la paz, que los seres humanos descubrimos que, a través de ella, podemos conectarnos con los misterios del universo y encontrarle sentido a esta experiencia que estamos viviendo. La paz es el resultado de enfrentar la incomodidad de la vida.

El siguiente resultado es la **economía**, por esta razón, hablamos el día 18 sobre el dinero, porque la economía es la forma en la que alcanzamos una de las maestrías más importantes en el planeta. Si un ser humano tiene un gran conocimiento espiritual, pero vive en carencia económica, solo está manifestando que no es coherente con esa espiritualidad que profesa, la espiritualidad se parece al bienestar, a la sabiduría, a la abundancia. La maestría debe ir acompañada del equilibrio y el resultado de la economía, es una clara evidencia de que nosotros lo estamos haciendo bien.

Las **relaciones** son el siguiente resultado, también he compartido información sobre la inteligencia relacional y hablé de lo importante que es aprender a escuchar, y aprender a conectar con las demás personas. Y, dentro de todo este proceso, aprender a dejar de juzgar, dejar de ser esos jueces implacables de los defectos de los demás, de nuestros seres amados y de los que no lo son tanto. Cuando nosotros aprendemos a dejar de juzgar, elevamos nuestra capacidad de relacionarnos más y mejor, y cumplimos el propósito de prosperidad que todos tenemos aquí en la tierra.

El siguiente resultado es el que voy a ampliar hoy. Si deseas construir y lograr tus sueños, necesitas una gran dosis de algo que se llama adaptabilidad. La **adaptabilidad** no solo es un resultado extraordinario, es la ruta que te permitirá sobresalir, superar obstáculos y vencer el sufrimiento. El origen del sufrimiento del ser humano está en su incapacidad de adaptarse a lo que es diferente o al devenir de las dificultades que la vida nos coloca por delante.

Hace poco salió una nueva versión en película de la tragedia de los Andes de 1972 llamada LA SOCIEDAD DE LA NIEVE, y en ella se refleja el drama que vivieron estos jóvenes que se accidentaron en la cordillera de los Andes y fueron abandonados a su suerte por los equipos de rescate.

Algo que pude notar y que resalto aquí, es que, quienes sobrevivieron a esta odisea, no eran los más fuertes ni los más preparados o inteligentes, los sobrevivientes fueron aquellos que supieron adaptarse, quienes, a pesar del conflicto de valores, tomaron la decisión de comer la carne de los que habían fallecido en el accidente. Fueron capaces de ir más allá de sus propios límites y vencieron una de las pruebas más extremas que ha vivido ser humano alguno.

Tuve la gran fortuna de conocer personalmente a uno de estos sobrevivientes y escuchar durante dos horas, el relato de aquella epopeya de su propia voz. Siento que lo que aprendí aquel día de Carlos Páez, desde la coherencia de su relato, impacto mi vida de una forma definitiva.

La adaptabilidad surge como la gran respuesta a muchos de los interrogantes y de las necesidades espirituales, emocionales y mentales del ser humano. La adaptabilidad es la habilidad que tienes para moldear tu vida, en función de lo que la vida te está entregando. Es decir, la capacidad de ser flexible, de ir más allá de los límites y de aprender de las circunstancias.

¿Por qué dentro del proceso de creación es necesaria la adaptabilidad? Porque nuestro proceso de creación no va solo en función de obtener cosas, sino de crecer internamente, ir más allá de nuestros propios límites, para alcanzar los resultados que queremos alcanzar. Aquí la importancia de saber adaptarnos, porque a través de la adaptabilidad, podemos crecer.

La capacidad de adaptarte o no, depende de las creencias que tengas; las opiniones que tienes de las personas, de las situaciones, de cómo deberían ser las cosas.

Cada vez que generas una opinión inamovible acerca de cómo deberían ser las cosas, estas poniendo un límite muy claro y concreto a tu capacidad de resolución y de ir más allá de los problemas. Entonces, si para ti, un tipo de respuesta es la correcta, la vida te va a enseñar a dilatar esa opinión y a sustituirla, si esa opinión no es la adecuada, porque una de las grandes cualidades y características que tiene la vida, es que nos está llevando constantemente a mostrarnos algo nuevo por aprender; la vida siempre nos mostrará lo equivocados que estamos. Saber adaptarnos es de sabios.

No podemos controlar lo que ocurre, lo único que podemos controlar es nuestra respuesta a lo que está sucediendo. No existe la injusticia, lo que existe son las interpretaciones de hechos que tienen un por qué y un para qué, que nosotros desconocemos. Las cosas que a diario suceden en el mundo, obedecen a un proceso sistémico que desconocemos. Si está sucediendo, es porque tiene una razón de ser, no es gratuito, acontece como parte de un proceso global, que para nosotros debe ser motivo de aprendizaje. Tal vez estás pensando algo como esto: *"yo no tengo por qué adaptarme a circunstancias que no tengo por qué tolerar."* La respuesta es: tienes la razón. Para eso es que nosotros estamos aquí, para aprender y solucionar lo que esté en nuestro poder, sin embargo, la gran mayoría de las cosas que suceden y nos afectan, no están bajo nuestro control.

Si estás en una situación de escasez, de maltrato, de enfermedad, vives en una zona en la que ya no te sientes a gusto, estas en una relación que no cumple con lo acordado afectivamente o laboralmente, tienes el derecho de irte o hacer lo necesario para cambiar tu situación. Lo común de estos ejemplos, es que en todos tienes la capacidad de influir sobre ellos, es decir, estas situaciones son parte de tu creación y de lo que te corresponde aprender como parte de tu proceso de evolución.

Lo que sucede en la práctica para muchas personas, es que viven más pendientes de aquello que no pueden controlar, en lugar de ocuparse de aquello que sí pueden hacerse cargo; aquí nos encontramos con personas que sufren por causas o situaciones en las que no tienen poder de influencia; incluso sufren por el clima, por lo que ven en las noticias, por las decisiones de sus familiares, etc.

Les hablaré de una fórmula magistral corta pero profunda, es tan profunda, que comprender su significado puede tardar varios años, pero solo comprenderla y ponerla en práctica, te dará uno de los regalos más codiciados por cualquier ser humano: el fin del sufrimiento. En esta fórmula quiero hacer un énfasis especial.

La fórmula dice: **Acepto lo que no puedo controlar y me hago cargo de lo que sí puedo controlar**. Esta es la fórmula magistral para el fin del sufrimiento definitivo de nuestra vida.

En este punto, es importante que hagas una pausa y revises cuáles son las cosas que no están en tu control, que en este momento te están robando la paz. Te invito para que hagas la lista por escrito, se exhaustivo y haz el compromiso personal de soltar todo aquello en lo que no tienes una influencia directa, aunque esto te lleve a dejar de controlar la vida de otros y esos otros, sean tus seres más amados.

Recordemos que el control es bueno para unas cosas, pero para otras es la peor herramienta. Por ejemplo, es bueno para los procesos y la gestión empresarial, pero en la mayoría de las relaciones es contraproducente ser controlador. Por lo general, las personas con un alto nivel de control están viviendo en desconfianza y uno de los síntomas corporales del control es el dolor de la espalda. Te sugiero que revises el capítulo de la salud de mi primer libro, si lo tienes, *El triunfo del alma,* allí encontrarás un pequeño glosario de las causas emocionales de algunas de las enfermedades más comunes.

La invitación ahora es para que no entremos en conflicto con lo que no podemos controlar. No podemos controlar la mente de los demás, no podemos controlar el clima, tampoco los hechos que sobrepasan nuestra comprensión; no podemos controlar el curso de la mayoría de los acontecimientos cotidianos. Por eso reitero, la adaptabilidad y la aceptación serán las herramientas que abrazaremos a partir de hoy. Te garantizo que una gran parte de la energía que tienes, que debería servir para crear sus sueños y cosas grandiosas, se pierde rechazando o juzgando las cosas que la vida les pone por delante.

Tus niveles de energía van a cambiar de forma radical cuando comiences a darte cuenta de que tu opinión no va a cambiar el mundo, todo lo contrario, te desgasta. La vida no está hecha para que la juzguemos, está hecha para que vivamos como aprendices y desde allí, despleguemos nuestra sabiduría. La tierra será siempre un planeta de conflicto, porque es el salón de clase de las pruebas pertinentes y necesarias, para la gente que está en la tercera dimensión. Si tú quieres graduarte, necesitas dejar de juzgar al planeta y aceptarlo como es, para que puedas irte y entrar a otro salón de clase. Nuestro planeta está diseñado para que los alumnos que lo habitamos aprendamos con base al conflicto. Así ha sido desde el principio de los tiempos y así seguirá siendo.

La adaptación nos va a liberar de la esclavitud, del enfrentamiento con lo inevitable; y cuando tú dejas de ser esclavo y dejas de enfrentarte o rechazar lo inevitable, te darás cuenta de que tu poder creativo aumentará y, además, si lo sumas a las herramientas que ya te he dado: la herramienta cabalística, las meditaciones y las visualizaciones, descubrirás que crearás magia. Te darás cuenta de que la vida comenzará a sonreírte por tu energía, tu luz, por lo sagrado que hay en ti y que es tu capacidad de actuar, de hablar, de hacer y de sentir.

El último de los cinco resultados es la **salud**. Y, por supuesto, la salud llega después del perdón o del equilibro de nuestras emociones, nuestra energía aumenta cuando vivimos en propósito,

La salud es el Alfa y el Omega. Sin salud no hay nada. Nuevamente para profundizar este tema, te invito a releer el capítulo de la salud de *El triunfo del alma*.

Haré un recuento de los cinco resultados: paz, economía, relaciones, adaptabilidad y salud, son los cinco resultados para tener una prosperidad coherente, una prosperidad que nos lleve a alcanzar nuestros más grandes sueños y a vivir más allá de las limitaciones que nos hemos impuesto. Vamos a concentrarnos en esta frase para hoy:

"Yo observo con sabiduría todo lo que sucede y soy capaz de trascender. Yo observo con sabiduría todo lo que sucede y soy capaz de trascender".

Día 20

"Yo soy una fuente inagotable de paz. Vivo inmerso en la conciencia y el amor de Dios".

Te doy la bienvenida al día 20. Tal vez en este punto, has tenido que regresar al día uno; el que lo hayas hecho, es un indicativo de tu nivel de compromiso, del valor le das a este proceso y de la disciplina que te hace estar presente contigo mismo, siendo consciente y dándote cuenta de qué es lo que está pasando contigo y qué es lo que estás haciendo con lo que te está sucediendo.

Lo seres humanos tenemos la tendencia a darle prioridad al **tener** como meta y propósito de vida, es así como la mayor parte de nuestro tiempo, recursos y atención, están volcados a la consecución de todo aquello que necesitamos para sobrevivir. En mi cultura como colombiano, la prioridad de cualquier persona, es tener una casa. Esta meta es la más importante para la mayoría de nosotros, porque vinculamos el tener una vivienda, con la seguridad; sin embargo, la mayoría ignora que la seguridad no proviene de tener una casa, la seguridad proviene de varias fuentes: la primera, la educación. Una persona con la educación adecuada puede superar los obstáculos y adaptarse a las pruebas que la vida le pone. Otra gran fuente de seguridad, es la capacidad que tengamos de crear un sistema que nos genere ingresos continuamente para mantener el flujo de la abundancia de forma permanente. Otra fuente de seguridad importantísima, es el conocimiento de sí mismo, saber reconocer las cualidades y las áreas de aprendizaje. Ser conscientes de nuestros bordes, limites, miedos, cualidades y virtudes.

El autoconocimiento es una forma de estar bien contigo mismo y una de las mejores formas de ser tu propio apoyo, sentir que te perteneces y que tienes unas bases sólidas para moverte en esta vida. Otra de las fuentes importantes de seguridad, es la certeza de que todo lo que sucede proviene de la luz, que todo obedece a un propósito superior para nuestra alma y que, aunque lo que suceda puede doler o sea diferente a mis expectativas, siempre tendrá un regalo manifestado en una virtud que podemos desarrollar, si decidimos usar la prueba como fuente de crecimiento y sabiduría, esta última forma de seguridad, se parece mucho a la fe y a una conexón espiritual madura.

Aprendemos de la sociedad que, tener es lo que te hace superior, y de alguna forma, idealizamos ese 'tener' como el estado perfecto y la meta más importante de la vida.

Tener sin paz, armonía, salud, buenas relaciones y felicidad, es un fracaso.

Aquí la invitación, es para hacer énfasis en el **ser**, en todo lo que habita en nuestro universo interior, ordenar nuestros valores, potenciar nuestras virtudes, sanar nuestra historia, modificar nuestras creencias, observarnos para ser aprendices de nosotros mismos y de esta forma, poder aprender del gran misterio del universo al que pertenecemos.

Cuando hay orden en el **ser**, el **hacer** deja de ser una lucha, un estado ideal es amar lo que hacemos para que nunca volvamos a trabajar. Pero, si estamos en este momento haciendo lo que no nos gusta, un primer paso es aprender a amar lo que hacemos, esto implica una profunda aceptación, humildad y entregarnos al misterio de la vida, con el desparpajo de un bebé en los brazos amorosos de su madre.

Aprender a amar lo que haces, facilita tu vida, porque dejas de desperdiciar tu energía en el rechazo de lo cotidiano. Vivir rechazando y criticando lo que no nos gusta, es una de las principales razones por las cuales una persona puede permanecer estancada en relaciones, trabajos e incluso enfermedades durante largo tiempo. Las cosas opuestas o diferentes a nuestras expectativas, se presentan, no para que las juzguemos o nos enfrentemos a ellas, aparecen para que aprendamos lo que vienen a enseñarnos; para que desarrollemos la humildad y nos hagamos más grandes que ellas. Permanecer en la queja solo refleja inmadurez de nuestra parte y, aunque es natural que rechacemos algunas cosas de la vida, lo peor que podemos hacer, es darle poder emocional sobre nosotros.

Hay una herramienta que comparto con frecuencia en los talleres y conferencias que doy, esta herramienta cumple una función esencial dentro de nuestras conductas reactivas, y es aprender a domesticarlas. Esta herramienta debe usarse sobre todo en casos en los que haya personas o situaciones que rechaces y que te afecten de diferentes formas. Son pasos muy sencillos.

1. Detente: cuando tengas necesidad de defenderte, gritar, discutir, atacar (salvo que sea un caso de vida o muerte), haz una pausa y respira. Respira profundo las veces que sea necesario.
2. Bendice y agradece: a la situación o persona, de forma mental, en silencio o en voz alta cuando puedas hacerlo. Cuando estés en momentos de preocupación o de angustia, di: *yo bendigo y agradezco esta situación, soy más grande, fuerte, noble y sabio que ella.*
3. Recuerda que, todo aquello que nos acontece, que nos roba la paz y la armonía, tiene varias funciones: enseñarnos algo que no sabemos; que desarrollemos virtudes inherentes a la situación que estamos enfrentando; que salgamos de la zona de comodidad y nos obliguemos a actuar. Recuerda que en el mundo hay muchísima gente menos capacitada que tú y menor que tú, que están ganando más, disfrutando más y viviendo los sueños que tú no has vivido, por dos razones fundamentales: actuaron y decidieron creer en sí mismos a pesar de sus miedos.

El **tener**, llega como una consecuencia natural del hacer correcto; el hacer correcto, llega como una consecuencia natural de nuestro **ser**. Nuestro mundo interno genera nuestro mundo externo: los resultados y la clase de vida que vivimos, la clase de personas que atraemos a nuestra vida y las oportunidades que se abren o se cierran para nosotros.

Es por esto, que *El gran reto de los 21 días*, está enfocado de esta manera: primero **ser**, luego **hacer** y finalmente el **tener**, que será proporcional a la calidad de nuestro **ser** y **hacer**.

Es maravilloso tener, creo que la abundancia es un derecho natural, no es lo mismo llorar en un yate que llorar debajo de un puente. No obstante, la abundancia no es solo dinero, por ejemplo, tener el yate y no tener con quien disfrutarlo o tener que pagar por compañía, no nos hace más ricos que esa familia que se come su torta de cumpleaños sentados en sillas de plástico. El ideal es que tengamos abundancia de lo que el dinero puede comprar y abundancia en lo que el dinero no puede comprar. La salud es una pieza fundamental de la abundancia y el camino para la salud es tener una mente en paz; ella genera emociones equilibradas, las emociones equilibradas, generan un cuerpo sano.

La vida está llena de historias de personas que han tenido todo lo que cualquiera ha soñado, pero que, los niveles de infelicidad en muchos de ellos, los llevaron a la depresión y a otros, al rechazo contundente de la vida. Los vacíos existenciales y los traumas no se sanan con riquezas, se superan a través de la sanación de las heridas de nuestra historia. Existe otro recurso que es un pilar fundamental para llenar algunos de los espacios vacíos dentro de nosotros, este recurso es el servicio.

El servicio es la gran herramienta para darle sentido a nuestro paso por el mundo. Para muchas personas, se cumple esta premisa que escribí en *El triunfo del alma*: ***"La mayor bendición que podemos encontrar en nuestra vida, es ser una bendición para otros"***.

El servicio nos conecta con el significado de nuestra misión y nuestro propósito aquí en la tierra. El servicio se parece mucho a esta definición de éxito:

¿Qué es el éxito?

El éxito se debe a cuánta gente te sonríe, a cuántas gentes amas y cuántos admiran tu sinceridad y la sencillez de tu espíritu.

Se trata de si te recuerdan cuando te vas, se refiere a cuánta gente ayudas, a cuánta evitas lastimar y si guardas rencor en tu corazón.

Se trata de que en tus triunfos estén incluidos tus sueños.

De si tus logros no hieren a tus semejantes.

Es acerca de tu inclusión con otros, no de tu control sobre los demás.

Es sobre si usaste tu cabeza, tanto como tu corazón. Si fuiste egoísta o generoso, si fuiste arrogante o humilde, soberbio o considerado, si fuiste exigente o tolerante.

Es acerca de tu bondad, tu deseo de servir, tu capacidad de escuchar, tus valores sobre la conducta.

No acerca de cuántos te siguen, sino de cuántos realmente te aman.

No es acerca de transmitir, sino de cuántos te creen si eres feliz o finges estarlo.

Se trata del equilibrio de la justicia que conduce al bien tener y al bien estar.

Se trata de tu conciencia tranquila, tu dignidad invicta, tu deseo de ser más, no de tener más.

"Eso es el éxito"

Espero que estas palabras te hayan movido el alma, tal como me sucedió a mí; se le atribuyen a Carlos Slim, pero no puedo dar fe de ello, solo deseo que las abraces en tu vida para que le encuentres un sentido superior a esta existencia.

Cuando nos vamos de la tierra, no nos llevamos el dinero o posesiones, se va con nosotros la sabiduría que integramos en la vida, el amor que fuimos y la esencia de lo que se relatan en esas sabias frases.

No vamos a confundir el servicio con hacer las cosas gratis. Las palabras del maestro Jesús son contundentes en este ámbito: *"No des un pez, enséñalo a pescar".*

Sí, es importante encontrar un punto de equilibrio, para mí, servir tiene que ver con hacer por otros lo que ellos no pueden hacer por sí mismos. Gracias a la pandemia retomé la labor terapéutica, volví a atender sesiones de coaching y terapia, después de haberlo abandonado por algunos años; y, una de las cosas que me gustan de este proceso, es que es el mejor lugar para aprender acerca de la vida.

Te ha sucedido que, te prometiste alguna vez que a tus hijos no les iba a faltar el amor, la atención y la abundancia que no tuviste y en algún punto del proceso, ¿te das cuenta de que los sobreprotegiste y se convirtieron en aquello que no quisiste? O, como resultado de esa misma sobreprotección, ¿se llenaron de miedos y les cuesta salir a delante por ellos mismos? ¿Te convertiste en el culpable de sus males? O, quisiste ayudar a un amigo en un momento de crisis y, ¿después te convertiste en el objeto de sus ataques?

Todos estos resultados son un ejemplo de un hábito muy común que se llama la interferencia. Interferir implica impedir que la persona aprenda por su propia experiencia, lo que necesita aprender; es no dejar que toque fondo con la excusa *"no quiero que sufra".*

Interferimos porque tenemos una distorsión en la definición del amor; pensamos que el amor es impedir el dolor del ser amado, cuando en realidad, el dolor es el principal medio a través del cual los seres humanos logramos crecer y evolucionar.

Por esa misma razón, cuando regalas tu labor, tus ideas o lo que haces, no les das el valor real y así empobreces a quien le regalas y también te empobreces.

A algunas personas les cuesta cobrar. Es común que el temor a cobrar provenga del miedo al rechazo y la culpa. El rechazo por cobrar es también una manifestación de la poca valoración que hacemos de nosotros mismos. Lo paradójico, es que el valor que te das a ti mismo, es el valor que recibirás de la vida.

Por favor, tómate un tiempo para responder estas preguntas:

- ¿De qué forma aprendiste que no era correcto recibir?

- ¿Qué sucedió cuando te atreviste a pedir?

- ¿Cómo aprendiste a no reconocer el valor que tienes?

- ¿Cuáles han sido las consecuencias por no abrirte a pedir o recibir?

- ¿Tienes un conocimiento especializado que te permita resolver problemas y eso te dé la oportunidad de generar ingresos sin que tus servicios tengan un precio definido por el mercado?

Esta última pregunta es muy importante; esto es debido a que todo servicio tiene un precio dentro de los mercados, por ejemplo, si tú sabes limpiar, eso tiene un precio de acuerdo con el lugar donde limpies, no es lo mismo limpiar una calle, que limpiar la casa de un ministro; de acuerdo al lugar donde estés y la calidad del servicio que ofrezcas, recibirás una compensación. También, cuanto más complejo sea el tipo de problema que resuelvas, mayor será el precio dentro del mercado. Es importante que respondas a esa pregunta y te dediques a invertir en tu formación profesional. Hoy en día, gracias a la llegada de la inteligencia artificial, algunas profesiones van a ser reemplazadas, lo único que no podrá ser reemplazado, es un ser humano que realice con pasión, entrega y compromiso, aquello en lo que es experto. Ese ser humano eres tú.

Necesitamos aprender y enamorarnos del cobrar y disfrutarlo; al hacerlo, desbloqueamos esas áreas de nuestra vida que están desconectadas del merecimiento.

Quiero recomendarte un recurso valioso, YouTube es fuente de información poderosa y si eres un emprendedor o un empresario, necesitas conocer a Simon Sinek y su video "El círculo dorado".

No voy a profundizar en el mensaje de Simon, él con sus propias palabras, se encargará de mostrarte un nuevo universo que se convertirá en mayor prosperidad para ti y para tu negocio.

Ahora pregúntate: ¿Qué es lo que estoy ofreciendo? ¿Cuál es la calidad de lo que estoy ofreciendo? Y, ¿de qué forma yo estoy sirviendo a la humanidad?

Otro obstáculo para la abundancia de un gran número de personas, es la mentalidad del asalariado. Tal vez conoces a alguien que va y marca tarjeta muy puntual y no le regala ni un minuto la empresa y en su mente dice: *"yo no le voy a regalar mi tiempo a esta gente, porque ellos no me lo recompensan".*

Las personas que tienen esta actitud, por lo general viven por debajo de sus posibilidades porque no están dando más que aquello por lo que se les ha pagado. Procura dar más de aquello por lo que te están pagando, esa es mi invitación; no es para que te dejes explotar ni que no aprendas a poner límites, porque, si continuamente te toca poner límites o sientes que abusan de ti, claramente no es el lugar donde te corresponde estar; míralo como el lugar provisional donde aprenderás cosas valiosas que aplicarás cuando tengas la oportunidad de moverte de allí.

Ser incondicional es una de las formas más poderosas de llamar a la bonanza a tu vida porque te engancha a procesos de prosperidad valiosos, ¿por qué? Porque, aunque a ti no te reconozca el jefe a quien le estás ofreciendo tu servicio, no te reconozcan monetariamente aquello que tú les has dado, tú si estás sembrando algo que se llama ***momentum***.

Si recuerdas, del *momentum* te hablé en el día seis, vamos a retomar este concepto, que desde la física newtoniana tiene un significado diferente. Esta definición de *momentum* que te ofrezco, es desde la visión espiritual. Es el cúmulo de energía que tú has ahorrado en acciones de bondad, de excelencia, de honestidad, en acciones de atreverte e ir más allá de tus límites. Quiere decir que, absolutamente todo el bien que tú hagas, va a permanecer contigo; es un ahorro que usarás para tu propio beneficio cuando sea pertinente usarlo.

Yo aprendí esto en el mundo espiritual. Una de las cosas que hacía todos los días durante varias horas era orar. Esto me permitió sobrevivir a muchas situaciones y atraer a personas maravillosas a mi vida. Te recomiendo esta afirmación todos los días mínimo nueve veces. He recibido decenas de testimonios de su poder transformador.

Yo declaro que merezco la abundancia en mi vida. Yo Soy la manifestación de la prosperidad en todo lo que pienso digo y hago, mis caminos están abiertos, cada persona que encuentro me ayuda a subir un nuevo nivel. Creo en mí y en el poder que me creó.
Soy la manifestación del amor en mis pensamientos y obras, actúo con excelencia

en todo. La presencia de Dios en mí ilumina mi proceso y atrae las situaciones adecuadas.
Soy abundante y manifiesto esa abundancia a cada paso de mi vida.

¿Qué sucede con la persona que tiene mentalidad de asalariado? No está creando *momentum* porque no ha dado más de aquello por lo que le están pagando. Nosotros como individuos, que ofrecemos un servicio al mundo, necesitamos dar más de aquello por lo que nos están pagando. Necesitamos darle más a nuestra pareja, más de aquello que ella espera de nosotros. Necesitamos darles más a nuestros hijos, de aquello que ellos esperan de nosotros, a nuestra familia, a nuestros empleados. Dar más, un poco más. Te invito a hacerte estas preguntas. ¿Estoy dando más de aquello que se espera de mí? O, ¿simplemente estoy dando menos?

Revisa cuál es tu actitud frente al dar. porque esto determinará, lo que la vida te va a regresar. Necesitamos dar más, amar más, abrazar más, entregar más. Entonces, la vida nos abrirá más caminos, traerá personas maravillosas con la misma actitud que nosotros y nos daremos cuenta, de que la escasez no estará en nuestra vida, desaparecerá.

La abundancia llega como resultado de todo aquello que nosotros entregamos en demasía. Y, si lo que das es amor, ternura, comprensión y servicio, la vida te lo retornará y se creará ese bucle energético en el que tú das, recibes, das, recibes, das, recibes... es maravilloso percibir la energía desde esta perspectiva, dar y recibir.

Enfócate hoy en esta frase.

"Yo sirvo con amor, yo sirvo con libertad. Yo sirvo con incondicionalidad".

Que siempre tengas una razón para reír.

Día 21

"Hoy abro mi corazón, mi mente y mi ser a todas las bendiciones que Dios tiene para mí. Yo soy un imán de esas bendiciones".

Hoy quiero compartirles algo que es parte de mi vida espiritual. Desde el año 1993 hasta el 2003 aproximadamente, estudié espiritualidad y en ese sendero, descubrí a grandes místicos que tenían experiencias asombrosas; eran seres conscientes de la presencia de Dios, veían la luz y quedaban en estados de éxtasis en los que podían pasar meses, semanas, días enteros sin alimentarse, incluso sin moverse; solo se alimentaban de la luz de esa presencia. Esta información la recopilé de diferentes fuentes confiables. Fueron seres se hicieron célebres por este tipo de vivencias, por sus dones milagrosos y algunos, sufrieron los estigmas en sus cuerpos: manos, pies y costado, como fue el caso del padre Pío de Pietrelcina, uno de los más reconocidos.

Al revisar sus vidas, aprendí algo importante: todo proceso humano está vinculado a un propósito, espiritual. Y, ese propósito espiritual tiene dos fases.

La primera de ellas, es la búsqueda o el alcance de la sabiduría que se consigue a través de todas las pruebas y situaciones que vivimos aquí a la tierra. Se consigue también a través de la voluntad, del estudio, de la búsqueda continua; a través de mentores y maestros, por medio de libros y la más importante de todas, por medio de la experiencia.

La segunda fase del propósito espiritual, es la conexión con esa presencia de Dios. Esto es lo que descubren todos los que han alcanzado la sabiduría. La meta máxima es la conexión con la presencia de Dios, que es la conciencia del universo.

Es complejo explicar este tema, dado que entenderlo va más allá de las capacidades del ser humano; en *El triunfo del alma,* en el capítulo final que habla sobre la espiritualidad, compartí mi visión de lo que interpreto como Dios, que, como lo mencioné en el día 10, no lo observo como un individuo o un ser separado de mí. Yo lo observo, lo entiendo y lo interpreto, como un sistema al cual pertenezco.

Pero, no quiero profundizar en conceptos espirituales, dado que creer en algo espiritual o no, no es lo que te determina como ser humano y tampoco determina lo que te va a suceder después de tu transición hacia la otra vida. Tus creencias solo determinan tus resultados aquí en la tierra. Lo que determina tu nivel de conciencia espiritual es el amor que das, que recibes y el amor que eres, y desde allí, cómo aportas al bienestar de la humanidad. Las creencias son interpretaciones parecidas a lo que somos, recuerda que no vemos el mundo como es, vemos el mundo como somos. Así que, es legítimo que creas lo que quieras creer, los frutos de esa creencia, son los que te dirán qué tan pertinente o no es esa creencia. Lo que quiero compartirte es el resultado de todos esos años de estudiar religiones y lo que todas tienen en común: la presencia de Dios.

Hace más de 350 años un monje llamado el hermano Lorenzo nos regaló su sabiduría, que fue compilada en unas cartas a las que puedes acceder. Es un precioso libro en el que comparte la devoción de su ser con respecto a Dios; afortunadamente, puedes descargar el libro de forma gratuita, lo buscas en internet como: "la Práctica de la presencia de Dios del hermano Lorenzo".

Las palabras de Jesús: "*si tuvieras la fe del tamaño de una semilla de mostaza, podrías decirle a esta montaña muévete y la montaña se movería*", adquieren un sentido total en este maravilloso manual. Creer en Dios no es suficiente, necesitamos vivir con la certeza de su poder, y la invitación que quiero hacerte, es que te conviertas en un canal de Dios para bendecir la vida, que tus palabras sean sus palabras, tus acciones sean las suyas y tu propósito, sea el suyo.

Inspirado en las palabras del hermano Lorenzo y en ese gran propósito de ser instrumentos de Dios, diseñé una meditación de 21 minutos que tiene como intención, llevar toda nuestra atención a la presencia divina y hacernos uno con ella.

Para mí, esta práctica es muy importante porque nos acerca a lo real. Vivimos en el mundo de la ilusión, que es aquello que percibimos con los sentidos, lo que llamamos, el mundo de la tercera dimensión. Según los cabalistas, esto hace parte solamente del uno por ciento de la totalidad, el 99 por ciento restante, está más allá de los sentidos. Por eso, esta conexión diaria con Dios es fundamental. Más allá de las oraciones que sabemos, más allá de ese vínculo antiguo que hemos tenido, lo ideal es que cultivemos la conexión con la luz, para que seamos conscientes que ella está siempre con nosotros, que nos cobija, nos arrulla, nos abre las puertas y nos protege de los peligros, incluso, de los peligros que nosotros mismos creamos.

La meditación puedes escucharla en Spotify, búscala como: *Meditación de la presencia de Dios por Humberto Montes* o puedes pedirla en mi cuenta de Instagram @humbertomontes por mensaje privado.

La presencia está en nosotros, y quiero compartirte la forma que utilizo para estar vinculado con la presencia de Dios; además de la meditación y de los ejercicios que les he compartido, la manera para estar vinculados es: el poder de la intención.

Hay una frase bíblica que me encanta que dice: *"busca el reino de Dios y todo lo demás vendrá por añadidura"*. Esta frase para mí es muy cierta. Sabemos que el Reino de Dios habita dentro de nosotros; por esto, el camino hacia Dios es el camino de la transformación personal, de la sanación, del perdón, de la fe, del cambio de paradigmas internos para ver el mundo de una forma distinta y renovada. Esta es la razón por la que para mí es importante la búsqueda de Dios. Pero, independientemente de la concepción que tengas de Dios, yo siento que esta invitación de sabiduría que está en la Biblia, es uno de los mejores regalos que podemos darnos en la vida; y adicional a esto, he descubierto que hay una forma que es la que más bendice mi vida actualmente, esta forma o vía, es la intención.

Todo lo que existe, primero fue una intención, la intención de alguien o la intención del mismísimo Dios en su corazón que nos creó.

Mi invitación, es para que seas consciente la mayor parte del tiempo, de la intención desde la cual actúas. Sé que la velocidad con la que vivimos, no nos permite muchas veces hacer este tipo de reflexiones, no obstante, he comprobado y a lo mejor tú también, que no necesariamente el correr más nos dará los resultados que deseamos; de hecho, es cuando afilamos el hacha, es decir, cuando nos detenemos a pulir nuestros talentos, a respirar, a observar y nos damos el tiempo de ubicarnos en primer lugar, cuando tomamos las mejores decisiones y la vida deja de ser una carrera y se convierte en algo manejable.

Estar atento a la intención tiene varios propósitos: que no te traiciones, que seas leal a ti mismo, que respetes tus tiempos, que te escuches, que tomes decisiones y actúes desde tus más altos valores, y que seas consciente de que la presencia de Dios está viva en ti, a través de ti y en todo lo que te rodea. Si puedes recordar esto todos los días, verás que tu paso por la vida ya no estará contaminado por el sufrimiento, que cada cosa que hagas será bendita, que no necesitarás vivir ni sentir miedo porque la certeza que te da estar y habitar en esa presencia divina, te ayuda a comprender de forma permanente que todo lo que sucede es perfecto y obedece no solo a un plan, sino también a una estructura que funciona de una forma perfecta, cuyo propósito siempre es tu bienestar, tu crecimiento, la expansión de tu sabiduría y el desarrollo del amor como fin último de todos los procesos que debemos vivir.

La mejor religión, la mejor doctrina es convertirnos en ese amor. Entrega todos los días todo lo que sucede a esa presencia divina, a esa luz y habla con ella, establece una relación íntima con la divinidad que habita en ti.

Hace poco escuché de la boca del gran actor mexicano, Eugenio Derbez, una de las claves del inmenso éxito que ha tenido en los últimos años; él explicaba cómo la mayoría de las personas de ese medio, van de lugar en lugar pidiendo una oportunidad para que les dejen trabajar haciendo audiciones; la gran diferencia entre él y esas personas, es que él no busca un trabajo, lleva proyectos concretos, es decir, en lugar de pedir, ofrece.

Para mí, esta es una gran lección, porque implica pasar de la mendicidad al liderazgo, implica salir de la víctima, al creador.

La pregunta que quiero hacerte es: ¿estás dispuesto a dar ese paso? ¿Estás listo para dejar de vivir como un necesitado y te convertirás en un dador?

No es casualidad que haya estudiado mis cuatro primeros años de bachillerato en un colegio Franciscano. La vida del maestro Francisco fue asombrosa y uno de los tesoros más grandes que nos dejó, fue su magnífica oración en la que nos enseña cómo orar de la forma correcta, y a través de ella, nos muestra el camino para que salgamos de ese lugar de ser necesitados, para ser creadores.

He desarrollado el hábito de recitarla con frecuencia, ya sea mental o verbalmente, esta es una de las mejores formas de darle una intención elevada a mi vida, te invito a que abraces esta bella forma de entregar tu ser a la presencia divina y así bendecir tu vida y la de todos los que tengan la fortuna de conocerte:

Señor hazme un instrumento de tu paz.
Donde haya odio, déjame sembrar amor.
Donde haya ofensa, perdón.
Donde haya duda fe.
Donde haya desesperación esperanza.
Donde haya oscuridad luz.
Donde haya tristeza alegría.

Oh, divino maestro, concédeme que no busque tanto ser consolado, como consolar.
Ser comprendido, como comprender.
Ser amado, como amar.

*Porque al dar es que recibo, al perdonar
es que soy perdonado,
y es al morir que renazco a la vida eterna.
San Francisco de Asís.*

Comprender el profundo significado de esta oración, es tener la llave para abrir la puerta a la abundancia y la plenitud. Este es para mí, el postulado de liderazgo más poderoso que existe y es un camino que te sugiero transites.

La invitación es para que te conviertas en un embajador de Dios aquí en la tierra, que cada persona que tenga la fortuna de encontrarse en tu camino, sienta el más elevado amor a través de ti, que tu paz, la belleza de todo tu ser, se manifieste no solo en tu sonrisa amable, también en esa intención de ser el amor constante y fluido; que seas capaz de mirar tus obstáculos y ofrecerlos, para que sean entregados a la luz que eres, para que esa luz se fortalezca en ti y te de la capacidad de resolver y triunfar sobre cada aprendizaje que la vida te regala. *"Llena tu mente y tu mente llenara tus bolsillos"*, dice una frase muy popular y sabia. Mi propuesta que para que le entregues tu vida a Dios y él te llevará a lugares que jamás soñaste que irías.

En este punto quiero recordarte que, por favor no creas nada de lo que he escrito en este libro. Verifica cada enseñanza que consideres útil y disfrutes su resultado.

Intuyo que mi relación con el maestro Francisco va más allá del respeto y la admiración que le guardo. En dos oportunidades, dos personas que apenas me conocían en diferentes momentos de mi vida, me dijeron con una certeza apabullante que en mi vida anterior fui un monje franciscano, ninguno de los dos sabía, que yo había estudiado en un colegio de su orden ni que le profesaba esta admiración. El caso es que, en un momento importante de mi historia por allá en el 2007, me tomé en serio esta idea por una razón importante: los monjes Franciscanos hacen votos de pobreza. Desde mi conocimiento espiritual, sé que los efectos de estos votos pueden acompañarnos a las siguientes vidas. Por eso, diseñé la siguiente oración que hoy te regalo, aunque no sé si tu caso es parecido al mío, solo sé que, si en vidas anteriores rechazamos la prosperidad, hicimos mal uso del dinero o lo conseguimos por medios ilícitos, no me parece extraño que en esta vida estemos sintiendo los efectos de las malas decisiones de nuestro pasado.

Puedes hacer la oración tres veces al día durante nueve días, si lo deseas o también, puedes hacerlo por 21 días.

Hoy conscientemente y en pleno uso de mis facultades, rompo los votos de pobreza que haya hecho en esta vida o en vidas pasadas de forma consciente e inconsciente.

Yo ____tu nombre_____ rompo cualquier deuda que tenga con cualquier ser vivo en mi historia o en mi presente y declaro que soy próspero y merezco la abundancia total.

Yo __*tu nombre*__ merezco que venga a mí, abundancia en todas las formas: en salud, en dinero, buenas relaciones, manifestada en múltiples oportunidades para servir y para cumplir mi propósito de vida en esta encarnación.

Yo __*tu nombre*__ Soy un imán para el dinero, el dinero llega a mi vida abundantemente y sin esfuerzo y declaro aquí y ahora que todas las puertas están abiertas para la manifestación plena y total de la abundancia en todos los sentidos.

Hoy yo __*tu nombre*__ soy uno con la luz de la abundancia en el universo y mi mente está sintonizada con las más altas frecuencias del amor, de la prosperidad y de la abundancia. Siempre doy ejemplo a cada paso de esa abundancia que Soy.
Está hecho, está terminado, está sellado.

Dediqué varias semanas haciendo estas afirmaciones y bendigo cada minuto que las hice. Hoy, doy gracias a Dios por mi hogar, la salud de mi familia y por esa abundancia que llena mi vida. Sé que la herramienta que acabo de entregar, te ayudará para dar un salto cuántico, si la incluyes con las demás herramientas que te he compartido en este libro.

Quiero felicitarte por llegar hasta aquí, recuerda que este libro necesita ser leído varias veces. Úsalo, ráyalo, regálalo a esas personas que amas; deja que, así como te ha llenado de opciones, lo haga también para otros.

Hoy bendigo el instante en el que naciste. Hoy bendigo el instante en el que saliste del corazón de Dios hace miles de años. Hoy bendigo el instante en el que nos encontraremos. Hoy bendigo tus sueños. Hoy bendigo tu vida y en el nombre de Jesucristo, decreto y declaro que son realidad. Que ya están hechos.

Ahora es tu turno de escribir en la página de la vida, el capítulo de tu victoria.

Recuerda que estamos para apoyarte en tu proceso de sanación y expansión. Permítenos servirte.

Recuerda que mereces solo lo mejor, naciste para dar lo mejor, Estás aquí para hacer de tu vida una obra de arte.

Déjame saber de tus logros, mi deseo es que tus deseos se realicen de acuerdo con el plan diseñado para tu alma.

¡Que seas prospero abundante y feliz!

En amor y Luz

Humberto Montes

@humbertomontes

Tenemos estos recursos para ti on line:

Diplomado de coaching profesional, avalado por la UNAD en la Florida USA.

Mujer medicina, conexión con la energía femenina.

Programa de la rehabilitación de la autopercepción ACEPTARTE.

Oratoria.

Confianza inquebrantable.

Sesiones personales de terapia, hipnosis, coaching.

Reto de los 21 días guiado del 1ro al 21 de cada mes

Si deseas comprar el triunfo del alma, puedes hacerlo en Amazon, o en audio libro en audible.com.

Para más información escríbeme al WhatsApp +573052634791

Visita también angicorzo.com o cualquiera de mis redes sociales que aparecen en la contraportada de este libro.